普通高中音乐学科学业水平合格性考试辅助教材

高中音乐鉴赏
课程内容与课程评价

主编◎刘安娜

西南交通大学出版社
·成 都·

图书在版编目（CIP）数据

高中音乐鉴赏课程内容与课程评价 / 刘安娜主编
. -- 成都：西南交通大学出版社，2024.3
　ISBN 978-7-5643-9767-8

Ⅰ. ①高… Ⅱ. ①刘… Ⅲ. ①音乐课 – 教学研究 – 高中　Ⅳ. ①G633.951.2

中国国家版本馆 CIP 数据核字（2024）第 058145 号

Gaozhong Yinyue Jianshang Kecheng Neirong yu Kecheng Pingjia
高中音乐鉴赏课程内容与课程评价

主　编 / 刘安娜　　　　责任编辑 / 宋浩田
　　　　　　　　　　　　封面设计 / GT 工作室

西南交通大学出版社出版发行
（四川省成都市金牛区二环路北一段 111 号西南交通大学创新大厦 21 楼　610031）
营销部电话：028-87600564　　028-87600533
网址：http://www.xnjdcbs.com
印刷：四川森林印务有限责任公司

成品尺寸　185 mm×260 mm
印张　10.5　　字数　206 千
版次　2024 年 3 月第 1 版　　印次　2024 年 3 月第 1 次

书号　ISBN 978-7-5643-9767-8
定价　48.00 元

课件咨询电话：028-81435775
图书如有印装质量问题　本社负责退换
版权所有　盗版必究　举报电话：028-87600562

绪　论

党的二十大报告明确指出："加快建设教育强国，加快建设高质量教育体系，办好人民满意的教育，全面贯彻党的教育方针，落实立德树人根本任务，发展素质教育。""把教育、科技、人才三者结合，加快建设高质量的教育体系，育人的根本在立德，坚持以人民为中心发展教育是国之大计、党之大计。培养什么人，怎样培养人，为谁培养人是教育的根本。"

中共中央办公厅、国务院办公厅《关于全面加强和改进新时代学校美育工作的意见》指出："以习近平新时代中国特色社会主义思想为指导，全面贯彻党的教育方针，坚持社会主义办学方向，以立德树人为根本，以社会主义核心价值观为引领，以提高学生审美和人文素养为目标，弘扬中华美育精神，以美育人、以美化人、以美培元，把美育纳入各级各类学校人才培养全过程，贯穿学校教育各学段，培养德智体美劳全面发展的社会主义建设者和接班人。"

教育部在《普通高中课程方案》（2020年修订）中进一步明确了普通高中教育的定位："我国普通高中教育是在义务教育基础上进一步提高国民素质、面向大众的基础教育任务，是促进学生全面而有个性地发展，为学生适应社会生活、高等教育和职业发展做准备，为学生的终身发展奠定基础。"

音乐是人类最具普遍性和感染力的艺术形式之一。作为人类文化的重要载体，音乐蕴含着丰富的历史内容和人文内涵，以其独特的艺术魅力和社会功能，伴随人类社会历史的发展，满足人类精神文化的需要。

普通高中音乐课程的性质，与义务教育阶段音乐课程的人文性、审美性和实践性一脉相承，同时体现《普通高中课程方案》强调的时代性、基础性、选择性和关联性，培养和践行社会主义核心价值观，培养学生的音乐学科核心素养，为落实立德树人根本任务、发展素质服务。

音乐课程的总体目标是：以人为本、以文化人，以美育人，促进学生全面而个性化发展。学生通过音乐课程的学习，以学科基础知识和基本技能为载体，注重音乐学科思维品质和关键能力的培养，提高学科核心素养；通过参与各类艺术实践活动，培养和发展音乐听赏、表现与编创能力，保持并增进对音乐的持久兴趣；通过对音乐艺术魅力的体验和感悟，陶冶情操，涵养美感，和谐身心，健全人格，活跃思维，启迪智慧，激发创意表达热情,理解文化内涵,拓宽国际视野,着力培育和发展审美感知、艺术表现和文化理解三方面的音乐学科核心素养。

基于《普通高中音乐课程标准》与《普通高中课程方案》,音乐课程面向全体学生,由普通高中音乐课程必修课程六个模块构成,包括音乐鉴赏、歌唱、演奏、音乐编创、音乐与舞蹈、音乐与戏剧,是面向全体学生培育音乐学科核心素养的主体课程,具有基础课的性质。全体学生根据自身的兴趣爱好和发展需求从中选择修习。

基于《普通高中音乐课程标准》学业质量评价标准,并结合实际,基础性课程评价结果以"学分"和"水平"来呈现。采用"过程性评价"和"终结性评价"相结合的方式进行。

本书主要针对普通高中音乐学科学业水平考试中的音乐鉴赏模块,对各板块教学目标、课程内容进行归纳总结,并设计了测评案例。

一、音乐鉴赏的课程性质与课程目标

音乐鉴赏是普通高中音乐课程中的必修模块课程,面向全体学生,是培育音乐学科核心素养的主体课程和基础课程。

学生通过音乐鉴赏课程的学习,在聆听、体验、探究、评价等实践中对音乐作品进行欣赏、品鉴,产生艺术联想与想象,获得精神愉悦感,并对作品的艺术性、思想性、人文性进行判断与反思,进而提高音乐审美感知、艺术表现和文化理解能力。

其课程目标是:以立德树人为根本任务,旨在培育和践行社会主义核心价值观,着力加强中华优秀传统文化、革命文化、社会主义先进文化教育;坚持以美育人、以美化人、以美润心、以美培元,引领学生在健康向上的审美实践中感知、体验与理解艺术,逐步提高学生感受美、表现美、欣赏美、创造美的能力;帮助学生树立正确的历史观、民族观、国家观、文化观,增强文化自信,提升人文素养。

二、音乐鉴赏课程的内容

(1)聆听丰富多彩的音乐,体验音乐的美;掌握音乐欣赏的基本方法,养成听赏音乐的习惯。

(2)认识、了解音乐作品的题材内容、常见音乐体裁以及表现形式。

(3)欣赏具有代表性的中外优秀音乐作品,感受、体验、了解音乐作品的音乐风格与文化特征,理解音乐表现要素在音乐情感和思想内涵表达中的作用。

(4)认识、了解历史上具有较大影响力的音乐派以及重要音乐发展时期一些音乐家的生平、作品、贡献等。

(5)感受、体验中国传统音乐和世界民族音乐的风格和文化特征,认识、理解民族民间音乐与社会生活、历史文化、民间习俗等的密切关系。

（6）在思想性与艺术性相统一的原则下，联系相关艺术或其他相关学科，对接触到的音乐作品或社会音乐生活现象做出恰当的评价。

（7）借助乐谱和音响，演唱和熟悉音乐作品的主题。

（8）运用现代信息技术搜寻和积累音乐资料，欣赏音乐。

三、音乐鉴赏学业质量标准

学业质量是学生完成本学科课程学习后的学业成就表现；学业质量标准是以本学科核心素养及其表现水平为维度，结合课程内容，对学生学业成就表现的总体刻画。学业质量标准将学业质量划分为不同水平（见表1）。

表1　音乐鉴赏学业质量标准

水平	质量描述	说明
1	1．在聆听音乐过程中，能保持安静、专注的听赏状态；能说出所听音乐的作品名称、表现题材、体裁形式；能感受作品的情绪、风格等基本特点。（素养1.3） 2．知道中外音乐史上有代表性的音乐家（4～6位）及其代表作品（1～2部）。（素养1.3） 3．熟悉所听作品的音乐主题，并能随乐哼唱。（素养1.2） 4．生活中能根据自己的审美情趣和爱好，选择适宜的音乐进行欣赏，并与他人交流对音乐作品的看法和观点（素养1.3）	水平1是学生完成18学时达到的基本要求；通过水平1测试，可获1学分
2	1．聆听不同艺术风格和表现形式的音乐，不断积累听赏音乐的经验，养成听赏音乐的良好习惯；能根据自己的音乐经验，识别所听作品的音乐体裁、表现形式及主要艺术特征；能通过自己熟悉的经典曲目，大致说出中外音乐发展的基本线索和有代表性的音乐家（6～8位）及其代表作品（3～5部）。（素养1.3） 2．在欣赏作品时，对音乐形式与表现内容的关系能有意识地进行探究，能在教师提示下认识音乐要素对作品情感内涵表达和风格形成的作用；能对一些不同地域、风格流派或表现形式的音乐作品进行比较。（素养1.3） 3．能够听辨并学唱所聆听作品的音乐主题。（素养1.2） 4．能运用现代信息技术搜寻和积累音乐资料，选择适宜的音乐进行欣赏，并结合所学知识与他人探讨、交流音乐作品的风格特点和文化特征（素养1.3）	水平2是学生完成36学时达到的基本要求；通过水平2测试，可获2学分
3	1．在聆听音乐过程中，能根据所学知识判断、识别其风格流派或民族、地域特征；根据中外音乐发展的基本线索，列具有代表性的音乐家及其作品，说出其中一些作曲家、作品或不同风格流派音乐的基本艺术特征。（素养1.3） 2．在欣赏音乐时，能列举说明主要音乐要素及其组织形式在音乐表现中的作用；能够根据音乐经验、社会经验和所掌握的相关文化知识，对所鉴赏作品的音乐风格、音乐表现形式和文化内涵等作出初步分析与简要评价。（素养1.3） 3．能够听辨和背唱所学作品的部分音乐主题，并能说出其中一些作品的相关信息（素养1.2.3）	水平3是学生完成36学时达到的提高要求；通过水平3测试，可获2学分

四、教学建议

（1）音乐鉴赏模块的教学，应坚持以聆听音乐为主的教学原则，强调学生对音乐作品整体性的审美感知和亲身体验。

（2）在教学中，可以根据音乐作品的特点，引导学生在听赏环节中唱、奏音乐主题或随音乐律动，并适当穿插相同题材歌曲演唱或综合艺术表演等实践活动，激发学生的音乐听赏参与感，体验作品的音乐情感，加深对音乐作品的理解。

（3）聆听音乐时，可设计具有探究性和启发性的问题，采用集体讨论的方式，交流对音乐的感受与自己的理解。鼓励学生对音乐作品展开联想与想象，用口头描述、写作诗歌（散文）等形式，表达鉴赏心得。

（4）在教学中，可根据所听赏作品的表现题材或特点，创设体验音乐的情境，引导学生更好地理解音乐。结合与作品相关的历史文化背景，启发学生领悟音乐的社会意义和文化内涵。

（5）引导学生运用现代信息技术，围绕指定专题或自选专题搜集相关文字、乐谱、图片、音视频等资料进行研究性学习，开展互动交流。

（6）鼓励学生走进音乐厅、剧场，了解公共艺术场所的行为规范。

五、教学设计与模式建议

音乐教学是达成课程目标的中心环节，为保证基本的教学质量，在遵循音乐艺术特征的前提下，结合课程内容和音乐鉴赏的主要学习方式，特提出如下教学模式供教师参考。

课型：以鉴赏为主的综合课。

课时：1课时。

教学步骤：

（1）创设情境，激发兴趣。

（2）聆听体验，感受品鉴（重点）。

（3）探究互动，检测反馈。

（4）拓展延伸，课堂小结。

六、教学示范案例

课　　型：音乐鉴赏。

教　　材：人音版高中《音乐鉴赏》第九单元《文人情致》。

教学内容：《高山流水志家国》。

教材分析：结合新课程标准的教学理念与学生的实际情况，在课程实施过程中渗透多元文化，激发学生对我国民族音乐的兴趣。在对音乐作品的比较聆听中，引导学生自主探究，认识并了解我国古代音乐中具有文人情致的代表性器乐作品，以及这些作品中反映出的"曲风文雅、意境高远"品质和丰富情感。

教学目标：

1．认识古琴，初步了解古琴的历史和有关古琴的典故等古琴文化方面的知识。

2．初步了解中国传统音乐中的人文音乐，体会人文音乐的特点，感受古琴曲的风格特征。

3．熟悉"流水"的主题，聆听古筝曲《渔舟唱晚》的片段，能区别古琴和古筝的音色。

教学重点：

1．通过听、看、讨论、探究等活动，体验名曲的意境和古琴曲的风格特征。

2．区别古琴和古筝的音色等特点。

教学难点：

学生对古琴音乐文化内涵的理解。

教具准备：

多媒体课件等。

教学过程：

（一）创设情境，揭示课题

课前播放视频《流水》，配以古色古香的中国水墨画为背景直接展示主题。

师：在日常生活中，琴乐无处不在。今天，让我们一起聆听远古的"流水"声。山高水远，琴声悠悠……（点击课件视频幻灯片：一位身穿古代服装、长发飘逸的女子，在祥和而宏伟的天地之间，坐在高耸入云的巨石上迎风抚琴，演奏的是"流水"的主题音乐。）引导学生谈谈俞伯牙和钟子期的故事。

生：相传伯牙是春秋时著名的七弦琴演奏家，有高超的演奏技巧……

师：一曲《流水》，一个感人至深的故事，带领我们坐上时光隧道的列车走进中国古代音乐，走进古琴，感受中华文人的情致，感受与他们密切相关的古代音乐作品……（出示课题：《高山流水志家国》）

【设计意图】视频一开始就表现出一种震撼力，并引发学生产生联想和想象，学生被这种氛围所感染。大部分学生是第一次听《流水》，引导一位学生在优美的琴声中讲述伯牙和子期的动人故事，从而激发学生的好奇心和求知欲，形成审美渴望。

（二）欣赏音乐，整体感知

1．**介绍古琴文化（6～8分钟）**

师：刚才的画面和琴声给我们留下了深刻的印象。那么，画面中所演奏的是什么乐器呢?(学生展示搜集到的关于古琴的知识与图片,畅谈古琴文化。教师结合古琴的结构图,总结并介绍相关文化。)

（1）古琴的形制与喻义。古琴本身就具有传奇色彩,据说琴长三尺六寸五分,代表一年365天;琴面弧形象征天,琴背平,象征地,有"天圆地方"之说。古琴有13个徽,代表一年有十二个月加一个闰月。底部有两个出音孔,称"龙池"和"凤沼"。最初为五根弦,象征金木水火土,周文王为纪念死去的儿子伯邑考加了一根弦;周武王伐纣,为鼓舞士气加一根弦,所以又称"文武七弦琴"(多媒体显示古琴的结构图,学生根据老师的讲解弄懂古琴的结构)。

（2）古琴的音色。古琴有散音、泛音和按音三种音色,象征天、地、人之和。泛音清灵向上,玲珑剔透,似天;散音浑厚如钟,似地之厚德;按音多变,或虚或实,音色丰富,似人世百态。古琴音韵独特,古朴幽深,极具沧桑感(重点介绍泛音的演奏)。

（3）古琴与古代文人的密切联系。从三千年前的西周晚期开始,弹奏古琴便成为中国古代文人的时尚,琴与文人共呼吸、同命运,同生存、共发展,结下了不解之缘,成了文人抒情写意、修身养性与接受教育的常备工具。古代不少有成就的文人都是弹琴高手,如春秋时期的孔子、西汉的司马相如,以及魏晋时"竹林七贤"中的嵇康、阮籍等。古琴成为文人雅士生活中的亲密伴侣。

【设计意图】学生了解古琴的结构、喻义、音色和古琴在古代文人中的地位,不仅加深了对古琴的认识,还激发了他们学习的兴趣。

2. 感受和体验——欣赏古琴曲《流水》视频。（10～12分钟）

师:在简单了解古琴文化的有关知识之后,我们再次聆听……感受和体验此古琴曲的风格特征和旋律特征。

多媒体播放由演奏家演奏的《流水》全曲。

播放背景音乐(音频音乐《流水》),学生发言讨论,各抒己见,寻求恰当的答案。

教师总结概括:古琴的大雅之尊,强调古琴的真正意义在于深邃的意境。琴曲多以泛音结束,形成余音绕梁的意境效果,因而古琴体现出一种音色美和意境美,具有淡泊、优雅、深邃、幽远等风格特征。

【设计意图】对乐曲风格、特征的描述虽然不是唯一的,但让学生们自己说时往往是心里有而说不出。因此,教师可运用对比选择的方法,设计选择题,让学生选择符合此乐曲的风格特征。也可以围绕此类词语扩展、深化,既在思维上启发学生,又把学生引入古琴知识的深层主题之中。

3. 继续关注——视唱《流水》片段。（5～6分钟）

师:乐曲名为《流水》,请问:①你感受到流水的景象了吗?②乐曲是如何描绘流水的不同景象的?请在乐曲中找出来(播放《流水》背景音乐提问,适当提示,学生讨论发言,教师总结)。

古琴曲《流水》通过情景交融的艺术手法，描绘了潺潺的山泉和小溪，也刻画了奔腾的江河与大海，表现了人们对富于生命力的大自然的热爱和赞颂，如第一部分第二、三两段，主要是用泛音演奏的曲调，富有跳动性，仿佛清泉溪水从高山峡谷中奔流而出。这段音乐歌唱性较强，富有欢快、跳跃的音乐个性，有一种滚珠落玉盘的效果，创造了流水在高山峡谷中自由自在流淌的意境。

师：现在让我们再次亲身感受这一情境，一起看谱跟着视唱《流水》中第一部分第二、三两段的旋律。

音频播放第一部分第二、三两段的旋律，并简述天音（泛音）在古琴中的演奏技法。

【设计意图】再次聆听并视唱旋律片段，在对学生技能训练的同时，启发学生用自己最合适的声音表达这一意境，让学生进一步体验乐曲的情绪，并深化音乐主题。

（三）对比听辨，鉴赏评价

（学生带问题欣赏乐曲）

师：我们刚才所欣赏的《流水》只是众多古曲中的一首。听，（多媒体播放视频古筝曲《渔舟唱晚》）这一首又是什么乐器演奏的什么乐曲呢？与古琴相比，它具有怎样的音色呢？怎样的风格呢？（欣赏后，学生说出对两种乐器音色和风格的感受，教师总结，并在多媒体上显示古琴和古筝的图片）……如果说古琴的音色古朴、悦心怡情，那么古筝就是华丽、悦耳动听。

【设计意图】针对大多数学生都误认为古琴就是今天的古筝这种现象，利用古筝与古琴的演奏片段，让学生们对比、区别各自的外观形状等特点，强调这是两个不同的乐器：一个叫琴、一个叫筝。这样，学生对古琴、古筝都会有新的认识。

（1）视频欣赏《梅花三弄》（编钟与乐队）。

（2）视频欣赏《怀古》（埙独奏）。

学生讨论乐器编钟和埙音色、演奏形式并做比较，教师多媒体展示乐器的音频和图片并总结。编钟的音色浑厚悠扬、浑然天成。埙的音色柔润、缓和、凄凉。

（3）欣赏《广陵散》片段（古琴演奏），再次感受古琴的琴韵。

【设计意图】了解我国古代乐器，旨在拓展学习我国古代音乐，进一步学习我国古代乐器方面的知识，传扬中国传统音乐文化，激发学生的爱国热情，增强他们的民族自豪感。

（四）课堂小结

师：本节课我们有选择性地欣赏了几首我国古代音乐中具有文人情致的代表性器乐作品，这些作品反映了我国古代音乐中的一种品质——曲风文雅，意境高远。一曲《流水》让我们结识了俞伯牙和钟子期，让我们领略了古朴典雅的古琴风范，体会到民族文化、古琴艺术的博大精深。所以，我们要热爱我国古代音乐，热爱古代音乐艺术……同学们可以在课后围绕本节课的内容,以"古代音乐带给我的思考"为题写一篇短文,下节课我们一起交流,好吗?下课。

【设计意图】课的结束并不是学习的终结,鼓励学生课后开展研究性自主学习,培养兴趣,增长知识。

通过本节课的学习,学生对我国古代音乐有了初步的感受和了解,而且对中国的古琴有了初步的认知。教材渗入了中华人文精神,并追求古琴艺术的哲学意境和文史底蕴,同时又多方位考虑多数学生的认知特点和兴趣,深挖教材、简化掌握,反映知识要点时力求简单、明了。这样不仅可以让学生了解到了中华古琴的渊源文化,而且可以让学生进一步了解一些中华传统音乐的精髓作品,感受到中华音乐文化的博大精深,激发了学生的爱国热情,增强他们的民族自豪感。

——江苏省东台市城南中学某学生

七、评价建议

1. 评价目的与原则

音乐鉴赏课程的评价目的在于促进学生音乐核心素养的培育并不断提高,尤其侧重音乐审美和文化理解两方面。

秉持以提升学生音乐核心素养为本的评价理念,依据课程评价的科学性、客观性、发展性、激励性、指向性、实效性和可操作性等原则,以体现音乐艺术学科特点的评价方式加以实施。

2. 评价内容及方式

音乐鉴赏的评价内容是音乐学科核心素养内涵与相应的学业质量水平。包含以下四个方面:

(1)学生学习音乐鉴赏课程的意愿、状态、方法和效率。

(2)学生体验、感知音乐的能力和审美情趣。

(3)学生在音乐鉴赏实践活动中的参与度、表现水平与合作协调能力。

(4)学生利用音乐材料进行拓展以及音乐文化的理解评鉴水平。

针对以上四个方面的评价内容,音乐鉴赏的评价方式可采用"日常学习表现评价"和"模块学业质量评价"相结合的模式进行(见表2)。

表2 音乐鉴赏评价模式

评价内容	评价要求	评价方式	评价结果
日常学习表现	日常学习表现评价是对学生音乐课日常学习情况的过程性评价,重在考查学生的学习态度和实践表现	可采用"音乐成长记录册"对自评、师评和同学互评情况进行记载,根据记载情况作出评价	评价结果以"优秀、良好、一般"来呈现

续表

评价内容	评价要求	评价方式	评价结果
音乐鉴赏学业质量	学业质量评价是对学生学习结果的评价，是对学生的核心素养达成水平的评价。音乐鉴赏学业质量标准是本模块学业质量评价的依据	可灵活使用观察、提问、记录、听辩、试卷机考或试卷笔考等形式进行评价	评价结果以"水平"等级和"学分"来呈现
总评	本模块的日常学习表现评价结果和学业质量评价结果，是音乐学业水平综合评价的依据		

3．评价流程与建议

（1）日常学习表现。可采用"音乐成长记录册"对自评、师评和同学互评情况进行记载，由教师根据记载情况做出"优秀""良好"或"一般"的评价。自评是学生的自我记载，以描述性评价为主，重点放在自我发展的纵向比较上，从对不同阶段的回顾和比较中看到自己的进步，同时促进自我反思。师评是教师通过观察、对话、提问、查阅教学记录等方式，对学生日常学习过程中表现出来的兴趣爱好、学习态度、学习方法和综合能力等方面的状态与发展变化加以评价，以评语形式与学生交流，激励学生成长进步。同学互评可采用小组讨论交流、换阅音乐成长记录册等形式进行评价。

（2）学业质量评价。音乐鉴赏模块教学完成时，以音乐鉴赏学业质量评价标准（表1）为依据，对参加学习满三分之二课时的学生进行评价，评价结果以"水平"和"学分"来呈现。具体操作可根据学校教学实际，灵活使用观察、提问、记录、听辩、试卷机考或试卷笔考等形式进行评价。

4．评价结果的呈现与运用

本模块的日常学习表现评价结果和学业质量评价结果是音乐学业水平综合评价的依据。音乐学业水平综合评价是由教师结合各模块的日常学习表现评价结果和学业质量评价结果，对不同选课类型的学生做出"不合格""合格""音乐优秀生""音乐特长生"的评价意见。对于有音乐特长和有个性发展需求的学生，结合音乐课程标准要求和学校实际，根据学生兴趣爱好、学业发展与生涯规划需求，在国家课程标准选择性必修课程的六个模块基础上，学校可以自主开设拓展性课程，也可以通过校本课程及社团与各类活动来实现，为普通高校音乐专业培养具有较高音乐素养的学生。

音乐学业水平综合评价是学生完成高中阶段音乐课程学习的终端评价，是高中学生毕业及升学的重要参考指标。

八、评价示范案例

1．考评案例

（1）民歌按体裁可分为号子、山歌、小调三类，请说出他们的基本概念和音乐特点。

（2）请列举三首有代表性的山歌体裁的民歌，并唱出或写出（采用简谱或五线谱）其中一首民歌的主要乐句。

（3）谈谈"信天游"的音乐风格及形成这种风格的内在原因。

2. 点评

问题一：主要考评"审美感知"的核心素养。

审美感知是指对音乐艺术听觉特性、表现形式、表现要素、表现手段以及独特美感的体验、感悟、理解和把握。

该题首先考核学生，能否从音乐的表现形式特征中理解民歌体裁形式的分类。其次考核学生在各类别音乐要素、美感等方面，是否有自己的感受与表达。

问题二：主要考评"艺术表现"的核心素养。

艺术表现是指通过歌唱、演奏、综合艺术表演和音乐编创等活动，表达音乐艺术美感和情感内涵的实践能力。

该题首先考核学生对音乐作品的积累理论；其次，通过学生的演唱实践，考核学生表现音乐的美感和情感内涵的能力。

问题三：主要考评"文化理解"的核心素养。

文化理解是指通过音乐感知和艺术表现途径，理解不同文化语境中音乐艺术的人文内涵。

该题考核学生能否依据作品的音乐风格，探究理解作品形成原因及其音乐文化内涵。

目 录

▶ 上 篇（湖南文艺出版社版）

第一单元　学会聆听音乐 ··········· 002
　　教学目标 ················· 002
　　课程内容 ················· 002
　　测评案例（一） ············· 004

第二单元　中国音乐 ············· 008
　　教学目标 ················· 008
　　课程内容 ················· 009
　　测评案例（二） ············· 013

第三单元　西方音乐 ············· 021
　　教学目标 ················· 021
　　课程内容 ················· 022
　　测评案例（三） ············· 027

第四单元　中国民族民间音乐 ········· 033
　　教学目标 ················· 033
　　课程内容 ················· 034
　　测评案例（四） ············· 038

第五单元　外国民族民间音乐 ········· 046
　　教学目标 ················· 046
　　课程内容 ················· 047
　　测评案例（五） ············· 049

第六单元　中外流行音乐 ··········· 055
　　教学目标 ················· 055

课程内容 ·· 055
　　测评案例（六）·· 057

第七单元　音乐与姊妹艺术 ······························· 061
　　教学目标 ·· 061
　　课程内容 ·· 062
　　测评案例（七）·· 064

上篇综合测评题 ··· 070

下　篇（人民音乐出版社版）

序篇　不忘初心 ··· 080
　　教学目标 ·· 080
　　课程内容 ·· 081
　　测评案例（一）·· 082

第一单元　学会聆听音乐 ································· 084
　　第一节　音乐要素及音乐语言 ······················· 084
　　教学目标 ·· 084
　　课程内容 ·· 084
　　第二节　音乐情感及情绪 ······························ 085
　　教学目标 ·· 085
　　课程内容 ·· 085
　　测评案例（二）·· 086

第二单元　腔调情韵——多彩的民歌 ················ 089
　　第三节　汉族民歌 ······································· 089
　　教学目标 ·· 089
　　课程内容 ·· 089
　　第四节　少数民族民歌 ································· 090

教学目标 ·········· 090
　　课程内容 ·········· 091

第三单元　鼓舞弦动——丰富的民间器乐 ·········· 092
　　第五节　鼓乐铿锵 ·········· 092
　　　教学目标 ·········· 092
　　　课程内容 ·········· 092
　　第六节　丝竹相和 ·········· 093
　　　教学目标 ·········· 093
　　　课程内容 ·········· 093
　　　测评案例（三）·········· 094

第四单元　国之瑰京剧 ·········· 096
　　第七节　京剧传统戏 ·········· 096
　　　教学目标 ·········· 096
　　　课程内容 ·········· 096
　　第八节　京剧现代戏 ·········· 097
　　　教学目标 ·········· 097
　　　课程内容 ·········· 097
　　　测评案例（四）·········· 098

第五单元　诗乐相彰——歌曲艺术 ·········· 100
　　第九节　独唱曲 ·········· 100
　　　教学目标 ·········· 100
　　　课程内容 ·········· 100
　　第十节　合唱曲 ·········· 101
　　　教学目标 ·········· 101
　　　课程内容 ·········· 101
　　　测评案例（五）·········· 103

第六单元　音画交响——影视音乐 ·········· 105
　　第十一节　中国影视音乐 ·········· 105
　　　教学目标 ·········· 105
　　　课程内容 ·········· 105
　　第十二节　外国影视音乐 ·········· 106

教学目标 ··· 106
课程内容 ··· 107
测评案例（六）·· 108

第七单元　舞动心弦——舞蹈音乐 ··· 109

第十三节　中国舞蹈音乐 ··· 109
教学目标 ··· 109
课程内容 ··· 109
第十四节　外国舞蹈音乐 ··· 110
教学目标 ··· 110
课程内容 ··· 110
测评案例（七）·· 111

第八单元　异域风情——世界民族音乐 ·· 112

第十五节　亚洲与非洲音乐 ·· 112
教学目标 ··· 112
课程内容 ··· 112
第十六节　欧洲与拉丁美洲音乐 ··· 112
教学目标 ··· 112
课程内容 ··· 113
测评案例（八）·· 114

第九单元　文人情致 ·· 115

第十七节　高山流水志家国 ·· 115
教学目标 ··· 115
课程内容 ··· 115
第十八节　西出阳关无故人 ·· 116
教学目标 ··· 116
课程内容 ··· 116
测评案例（九）·· 117

第十单元　新音乐初放 ·· 118

第十九节　学堂乐歌 ··· 118
教学目标 ··· 118
课程内容 ··· 118
第二十节　人民音乐家 ·· 119

教学目标 ·· 119
　　课程内容 ·· 119
　　测评案例（十） ···································· 120

第十一单元　光荣与梦想　121

　第二十一节　峥嵘岁月　121
　　教学目标 ·· 121
　　课程内容 ·· 121
　第二十二节　共筑中国梦　122
　　教学目标 ·· 122
　　课程内容 ·· 122
　　测评案例（十一） ·································· 124

第十二单元　复调音乐的巡礼　125

　第二十三节　巴赫　125
　　教学目标 ·· 125
　　课程内容 ·· 125

第十三单元　古典音乐的殿堂　127

　第二十四节　莫扎特　127
　　教学目标 ·· 127
　　课程内容 ·· 127
　第二十五节　贝多芬　128
　　教学目标 ·· 128
　　课程内容 ·· 128

第十四单元　自由幻想的浪漫乐派　129

　第二十六节　舒伯特　129
　　教学目标 ·· 129
　　课程内容 ·· 129
　第二十七节　肖邦　130
　　教学目标 ·· 130
　　课程内容 ·· 130
　第二十八节　柏辽兹　130
　　教学目标 ·· 130
　　课程内容 ·· 131

第二十九节　威尔第 …………………………………………………… 131
　　　教学目标 ……………………………………………………………… 131
　　　课程内容 ……………………………………………………………… 132
　　　测评案例（十二）…………………………………………………… 133

第十五单元　家国情怀的民族乐派 ………………………………………… 134
　　第三十节　斯美塔那与西贝柳斯 …………………………………… 134
　　　教学目标 ……………………………………………………………… 134
　　　课程内容 ……………………………………………………………… 134
　　第三十一节　格林卡与穆索尔斯基 ………………………………… 135
　　　教学目标 ……………………………………………………………… 135
　　　课程内容 ……………………………………………………………… 135

第十六单元　色彩斑斓的印象派 …………………………………………… 136
　　第三十二节　德彪西 ………………………………………………… 136
　　　教学目标 ……………………………………………………………… 136
　　　课程内容 ……………………………………………………………… 136

第十七单元　传统风格的解体 ……………………………………………… 137
　　第三十三节　勋伯格 ………………………………………………… 137
　　　教学目标 ……………………………………………………………… 137
　　　课程内容 ……………………………………………………………… 137

第十八单元　爵士乐掠影 …………………………………………………… 138
　　第三十四节　流行精粹 ……………………………………………… 138
　　　教学目标 ……………………………………………………………… 138
　　　课程内容 ……………………………………………………………… 138
　　　测评案例（十三）…………………………………………………… 139

下篇综合测评题 ……………………………………………………………… 141

参考文献 ……………………………………………………………………… 150

上 篇
(湖南文艺出版社版)

第一单元　学会聆听音乐

教学目标

本单元从欣赏典型作品入手，主要让学生学习、了解音乐欣赏的基本方法，即音乐音响的感知、情感的体验、联想与想象、理解与认知，达到"授之以渔"的目的。

（1）音响的感知。通过对带有典型特征作品的欣赏，让学生感知速度、力度、节奏、节拍、音色、和声与调式等音乐要素，获得音乐本体之美。

（2）情感的体验。通过欣赏具有快乐、悲伤、平静等不同情感特点的作品，让学生了解音乐的主要情感类型，以及音乐是如何综合运用各种手法来表现这些情感的。

（3）联想与想象。通过欣赏不同层次的音乐，让学生展开丰富的联想与想象。比如，从描绘性音乐或情节性音乐中产生对艺术形象和意境的联想，从音响感知和情感体验中产生自由的想象。

（4）理解与认知。通过欣赏《1812序曲》这部富有人文内涵的作品，让学生学会从音乐的创作背景、人文内涵、精神追求等方面全面、深入地理解音乐，提升其审美感知能力和精神境界。

课程内容

一、音响的感知

《我爱你，中国》是瞿琮作词、郑秋枫作曲的一首爱国主义歌曲。该作品是电影《海外赤子》的插曲。郑秋枫代表作品有《我爱你，中国》《帕米尔，我的家乡多么美》《蓝精灵之歌》等。

《山在虚无缥缈间》选自清唱剧《长恨歌》第八乐章。《长恨歌》是中国的第一部清唱剧。曲作者是黄自，词作者是韦瀚章。清唱剧是一种类似于歌剧的声乐体裁，不同的是，它没有舞台布景和特殊着装，并且只唱不演。《山在虚无缥缈间》是一首女声三声部合唱。

《弥渡山》选自组曲《丝绸之路》。乐曲的主题来自云南民歌《弥渡山歌》。《弥渡山》是由《弥渡山歌》改编而成的，被大提琴演奏家马友友收入专辑《丝绸之路》。

二、情感的体验

《快乐的女战士》选自舞剧《红色娘子军》。《红色娘子军》是第一部在中华人民共和国成立后创作的中国芭蕾舞剧。《红色娘子军》的作曲者包括吴祖强、杜鸣心、王燕樵、施万春、戴宏威。《快乐的女战士》选自《红色娘子军》第四幕第一段。

《松花江上》词曲作者是张寒晖，但之前的很长时间里，人们都不知道这部作品的创作者是谁，当刘雪庵把这部作品编入"流亡三部曲"时，也只得署以佚名。该作品描述的是"九一八"事变后东北民众和全国人民的悲愤情绪。张寒晖的代表作有《松花江上》《军民大生产》《去当兵》。

三、联想与想象

《过山》选自交响组曲《山林之歌》第二乐章。《山林之歌》共有五个乐章。第二乐章《过山》的板速为快板。曲作者马思聪是中国著名的小提琴家、作曲家、音乐教育家，是中央音乐学院的首任院长。

《梁山伯与祝英台》是中国的第一部小提琴协奏曲。《梁山伯与祝英台》的曲作者是何占豪和陈钢。曲目主要分为草桥结拜、英台抗婚、坟前化蝶三个主要情节。

《少女的祈祷》是波兰女音乐家巴达捷夫斯卡所创作的一部钢琴小品。曲作者年纪轻轻便创作了此曲，可以说这部作品是名副其实的由少女所创作。

四、理解与认知

《1812序曲》创作于1880年。作品讲述了1812年库图佐夫带领俄国人民击退拿破仑大军的入侵并最终赢得俄法战争胜利的英勇事迹。全曲采用奏鸣曲式。

引子部分弦乐节奏平缓，旋律出自古老的赞美诗圣咏《主啊，拯救你的子民》，展现了俄罗斯人民和平安宁的生活。呈示部，切分音符的快板带来了战争场面，法国号吹奏《马赛曲》象征着拿破仑军队的来势汹汹。展开部的战斗主题和《马赛曲》不断冲突，表现了残酷的战争场面。再现部以隆隆炮声渐入高潮，最后以教堂钟声欢呼胜利。

该作品以曲中的炮声闻名。在一些演出中，尤其是户外演出，曾启用真的大炮。作曲者是柴可夫斯基，出生于俄罗斯，是19世纪浪漫主义音乐的代表人物之一。

测评案例（一）

一、单项选择题

1. 《我爱你，中国》属于（　　）类型的乐曲。
   A. 交响曲　　　　B. 管弦乐曲　　　　C. 协奏曲　　　　D. 民族管弦乐曲
2. 《我爱你，中国》的词作者是（　　）。
   A. 黄自　　　　　B. 雷振邦　　　　　C. 瞿琮　　　　　D. 王燕樵
3. 《山在虚无缥缈间》选自（　　）。
   A. 《长恨歌》　　　　　　　　　　　B. 《黄河大合唱》
   C. 《山林之歌》　　　　　　　　　　D. 《长征组歌》
4. 《山在虚无缥缈间》的曲作者是（　　）。
   A. 何占豪　　　　B. 黄自　　　　　　C. 陈钢　　　　　D. 杜鸣心
5. 《山在虚无缥缈间》的词作者是（　　）。
   A. 韦瀚章　　　　B. 杨度　　　　　　C. 易韦斋　　　　D. 孙维善
6. 《弥渡山》选自（　　）。
   A. 《弥渡山歌》　　　　　　　　　　B. 《丝绸之路》
   C. 《长恨歌》　　　　　　　　　　　D. 《快乐的女战士》
7. 《弥渡山》是由（　　）编曲的。
   A. 何占豪　陈钢　　　　　　　　　　B. 吴彤　李沧桑
   C. 李叔同　　　　　　　　　　　　　D. 马思聪
8. 《快乐的女战士》选自（　　）。
   A. 《玉鸟兵站》　　　　　　　　　　B. 《红色娘子军》
   C. 《黄河大合唱》　　　　　　　　　D. 《原野》
9. 以下选项中是《快乐的女战士》曲作者的是（　　）。
   A. 刘德海　　　　B. 张寒晖　　　　　C. 吴祖强　　　　D. 黄自
10. 《松花江上》的作曲者是（　　）。
    A. 张寒晖　　　　B. 聂耳　　　　　　C. 陆祖龙　　　　D. 刘雪庵
11. 《松花江上》的体裁属于（　　）。
    A. 民歌　　　　　B. 山歌　　　　　　C. 小调　　　　　D. 艺术歌曲
12. 《过山》的作曲者是（　　）。
    A. 何占豪　　　　B. 黎锦晖　　　　　C. 刘雪庵　　　　D. 马思聪

13. 《过山》选自（　　）。
    A. 《山林的春天》　　　　　　　　B. 《山林之歌》
    C. 《长征组歌》　　　　　　　　　D. 《丝绸之路》
14. 《过山》选自该乐曲的（　　）。
    A. 第三乐章　　B. 第四乐章　　C. 第二乐章　　D. 第一乐章
15. 《梁山伯与祝英台》的曲作者是（　　）。
    A. 何占豪　吴祖强　　　　　　　B. 何占豪　陈钢
    C. 刘德海　黄自　　　　　　　　D. 刘德海　马思聪
16. 《梁山伯与祝英台》的主奏乐器是（　　）。
    A. 低音提琴　　B. 中音提琴　　C. 小提琴　　D. 贝斯
17. 《梁山伯与祝英台》的音乐体裁属于（　　）。
    A. 协奏曲　　B. 交响曲　　C. 管弦乐曲　　D. 变奏曲
18. 《少女的祈祷》的演奏乐器是（　　）。
    A. 小提琴　　B. 钢琴　　C. 手风琴　　D. 小号
19. 《少女的祈祷》曲作者的国籍是（　　）。
    A. 法国　　B. 德国　　C. 波兰　　D. 意大利
20. 《少女的祈祷》的曲作者是（　　）。
    A. 肖邦　　B. 巴拉基列夫　　C. 巴达捷夫斯卡　　D. 穆索尔斯基
21. 《1812序曲》曲作者的国籍是（　　）。
    A. 德国　　B. 俄罗斯　　C. 法国　　D. 英国

二、多项选择题

1. 《我爱你，中国》的词曲作者分别是（　　）。
   A. 瞿琮　　B. 董乐弦　　C. 郑秋枫　　D. 黄自
2. 《山在虚无缥缈间》的词作者是（　　），该作品诞生的朝代是（　　）。
   A. 阮籍　　B. 韦瀚章　　C. 晚清　　D. 魏晋
3. 《弥渡山》的编曲是由哪两位音乐人完成的？（　　）
   A. 刘德海　　B. 张寒晖　　C. 吴彤　　D. 李沧桑
4. 以下选项中是《快乐的女战士》曲作者的是（　　）。
   A. 吴祖强　　B. 王燕樵　　C. 杜鸣心　　D. 施万春
5. 《松花江上》的体裁属于（　　），曲作者是（　　）。
   A. 民歌　　B. 艺术歌曲　　C. 张寒晖　　D. 刘雪庵

6. 《过山》的曲作者是（　　），选自（　　）。
   A. 《山林的春天》　　　　　　　B. 贺绿汀
   C. 《山林之歌》　　　　　　　　D. 马思聪

7. 《梁山伯与祝英台》的曲作者是（　　）。
   A. 刘德海　　B. 何占豪　　C. 黄自　　D. 陈钢

8. 《少女的祈祷》的曲作者是（　　），演奏乐器是（　　）。
   A. 巴拉基列夫　　B. 巴达捷夫斯卡　　C. 钢琴　　D. 小提琴

9. 《1812序曲》的曲作者是（　　），该曲体裁属于（　　）。
   A. 交响曲　　B. 管弦乐曲　　C. 贝多芬　　D. 柴可夫斯基

三、听辨题

听辨题请扫码聆听

1. 聆听音响（扫描二维码后聆听，后同），判断该作品的名称是（　　）。
   A. 《红旗颂》　　　　　　　　　B. 《祖国颂》
   C. 《我爱你，中国》　　　　　　D. 《强军战歌》

2. 聆听音响，判断该作品的名称是（　　）。
   A. 《阳春白雪》　　　　　　　　B. 《山在虚无缥缈间》
   C. 《渔阳鼙鼓动地来》　　　　　D. 《竹枝词》

3. 聆听音响，判断该作品的名称是（　　）。
   A. 《弥渡山》　　　　　　　　　B. 《上去高山望平川》
   C. 《弥渡山歌》　　　　　　　　D. 《黄水谣》

4. 聆听音响，判断该作品的名称是（　　）。
   A. 《玉鸟兵站》　　　　　　　　B. 《快乐的女战士》
   C. 《我心永爱》　　　　　　　　D. 《强军战歌》

5. 聆听音响，判断该作品的名称是（　　）。
   A. 《教我如何不想她》　　　　　B. 《嘉陵江上》
   C. 《怀旧》　　　　　　　　　　D. 《松花江上》

6. 聆听音响，判断该作品的名称是（　　）。
   A. 《怀旧》　　　　　　　　　　B. 《过山》
   C. 《多么美好的世界》　　　　　D. 《第十交响曲——江雪》

7. 聆听音响，判断该作品的名称是（　　）。
   A. 《梁山伯与祝英台》　　　　B. 《思乡曲》
   C. 《彝族舞曲》　　　　　　　D. 《春》
8. 聆听音响，判断该作品的名称是（　　）。
   A. 《亚麻色头发的少女》　　　B. 《少女的祈祷》
   C. 《春天的故事》　　　　　　D. 《弗拉门戈》
9. 聆听音响，判断该作品的名称是（　　）。
   A. 《G弦上的咏叹调》　　　　B. 《牧神午后前奏曲》
   C. 《山神殿》　　　　　　　　D. 《1812序曲》

答案请扫码查看

第二单元　中国音乐

教学目标

中华民族的音乐文化光辉灿烂、底蕴深厚。从古至今，它以独有的东方神韵在不断地被传承和发扬光大。本单元旨在引导学生通过欣赏有代表性的中华优秀音乐作品，去感受、体验、了解这些作品的音乐风格与文化特征，品味其音乐的神韵。

（1）能认真聆听《哀郢》《流水》《竹枝词》《梅花三弄》这四首具有代表性的古代音乐作品，用简洁的语言说出乐曲要表达的情绪，感受古代音乐的风格特征。

（2）知道古代乐器"八音"的分类，能分辨本课聆听乐曲的演奏乐器（埙、古琴、编钟、编磬、箫）八音所属。

（3）能对中国古代乐曲的乐器形制、音色、演奏方法有基本的认知和初步的了解，感受其独特的魅力。

（4）能认真感受在中国近代历史发展中的音乐，体验人们对祖国的情感，并在赏析过程中了解我国学堂乐歌的兴起、特点及历史意义。

（5）能在聆听歌曲的过程中掌握中国近代音乐的创作特点，并能对音乐作品的曲式结构、旋律、情感进行对比分析。

（6）通过对六首音乐作品的聆听，结合中国近代史的发展脉络，初步知晓中国音乐作品的变化及其代表人物。

（7）能认真聆听《怀旧》《光明行》和《思乡曲》这三首器乐作品，了解作曲家在动荡的时代背景下的创作历程。

（8）在对比聆听的过程中，感受作品的内在风格，了解中国近代器乐作品创作发展的特点。

（9）能认真思考国乐与西乐的结合所带来的影响，积极参与讨论，敢于表达自己的看法。

> 课程内容

一、中国古代音乐（1）

《哀郢》是一首埙独奏作品。此曲表达了屈原得知楚国都城郢被秦国侵占后悲痛欲绝的心情。此曲属于远古作品，未见遗存，因此音乐采用当代作曲家龚国富的编曲。

《竹枝词》属于钟磬合奏乐，是一首古曲。此曲旋律缓慢舒展，情调古朴淡雅，采用了两套编钟、编磬进行演奏，营造出一种"金石之声"的宫廷气氛。此曲属于远古作品，未见遗存，因此音乐采用当代作曲家王原平的编曲。

编钟于1978年出土于湖北随州随县的曾侯乙墓，显示了我国西周时期音乐艺术的惊人成就，被誉为世界文明奇迹。

《梅花三弄》属于古曲，原本由古琴演奏，此处为箫独奏。《梅花三弄》又名《梅花引》《梅花曲》《玉妃引》。相传此曲原本是东晋桓伊所作笛曲，后被唐人颜师古改编为古琴曲。琴曲乐谱最早见于明代朱权编纂的《神奇秘谱》中。曲中泛音曲调在不同音位上重复了三次，所以称为《三弄》。

《流水》是一首古琴独奏曲，是我国最古老的琴曲之一。相传战国时（公元前3世纪）伯牙鼓琴，子期知音，所奏即为此曲。此曲谱源于明代朱权所编《神奇秘谱》，据该书解题："高山流水本只一曲，至唐分为两曲，不分段数。至宋分《高山》为四段，《流水》为八段。"曲式结构为"起、承、转、合"。

有关古琴的记载最早见于《诗经》《尚书》等文献。古琴最初为五弦，周代发展为七弦，三国时期古琴七弦十三徽的形制已基本稳定，一直延续到现在。著名的琴曲有《幽兰》《酒狂》《梅花三弄》《昭君怨》《风雷引》《潇湘水云》。著名的琴歌有《黄莺吟》《阳关三叠》《子夜吴歌》《伯牙吊子期》《胡笳十八拍》。

二、中国古代音乐（2）

《阳关三叠》是一首著名的琴歌，该谱记于清代的《琴学入门》。目前所听版本为管平湖演奏版本。此曲原本为唐代著名歌曲，歌词是王维的七言律诗《送元二使安西》。因诗中有"阳关"与"渭城"两个地名，所以得名《阳关曲》或《渭城曲》；又因其曲式有"三叠"结构，故称《阳关三叠》。全曲分三大段，基本上用一个曲调作变化反复，叠唱三次。

《阳春白雪》是一首琵琶独奏曲，以清新的旋律、明快的节奏，描绘了一幅冬去春来、万物复苏、生机勃勃的初春景象。此曲采用"同头换尾"的手法将多个音乐主题有机结合在一起。

《十面埋伏》是一首琵琶独奏曲，属于传统的大套武曲。根据《养正轩琵琶谱》记载，琵琶分为套曲、小曲两大类，套曲又分为武套、文套、大曲三类。

武曲的特点是写实、叙事，代表曲目有《十面埋伏》《霸王卸甲》。文曲的特点是抒情，代表曲目有《夕阳箫鼓》《月儿高》。大曲的特点是综合运用了武曲、文曲的表现手法和演奏风格，代表曲目有《阳春古曲》《灯月交辉》。

三、中国近代音乐（1）

《黄河》是一首由沈心工作曲、杨度作词的歌曲，属于典型的学堂乐歌。学堂乐歌多为依曲填词的作品，而《黄河》则是依词谱曲中的代表作。

沈心工是中国著名的作曲家、音乐教育家，学堂乐歌的代表人物之一。他所编乐歌，多数是儿童歌曲。由于他长期担任教师，对儿童的心理特点和唱歌要求有较深入的观察与了解，因而善于描写儿童生活中的一些事物，使儿童感到亲切。他是最早使用白话文写作歌词的作者。他所编的《学校歌唱集》是我国最早出版的学校歌唱集。

《问》是由萧友梅作曲、易韦斋作词的一首歌曲。这首歌最初收录在萧友梅的歌曲集《今乐初集》中。该曲以提问的方式，含蓄地表达了人们对当时内忧外患和国家沉沦的忧虑与感慨，启示人们担负起保家卫国的责任。这首作品词曲结合考究，标志着我国歌曲创作从学堂乐歌向艺术歌曲转变。

萧友梅是我国著名的作曲家、音乐教育家，曾经赴德国莱比锡音乐学院进修，后在莱比锡大学获得博士学位。回国后，在蔡元培的支持下，萧友梅筹建我国第一所独立建制的国立高等音乐学府——国立音乐专科学校（今上海音乐学院）。代表作有《问》《五四纪念爱国歌》《卿云歌》。

《教我如何不想他》是一首由赵元任作曲、刘半农作词的歌曲。这首歌曲反映了五四时期青年知识分子要求挣脱封建礼教的束缚、追求自由的愿望。

赵元任是中国近代著名的作曲家，获哈佛大学哲学博士学位，于清华大学教授物理、数学和心理学课程，世界著名的语言学家。对于赵元任而言，音乐创作只是他的业余爱好。但他却是我国20世纪20年代最著名的作曲家之一。代表作有《教我如何不想她》《卖布谣》《海韵》。

赵元任的创作特别注重歌词声调和音韵的处理，往往按照中国语言的声韵特点来处理歌词字音、语调与旋律音调的关系，使作品词与曲的结合非常自然。

《开路先锋》是一首由聂耳作曲、孙师毅作词的歌曲，是电影《大路》的插曲。《开路先锋》创作于1934年，是中国最早的工人歌曲。歌曲以劳动节奏与呼号为特征，蕴含坚毅果敢的英雄气质。

聂耳是我国著名的人民音乐家，也是中华人民共和国国歌——《义勇军进行曲》的作曲者。其代表作还有《卖报歌》《新女性》《码头工人》《铁蹄下的歌女》。他是首个在歌曲中塑造中国无产阶级光辉形象的创作者，是中国当之无愧的革命音乐开路先锋。

《嘉陵江上》是由贺绿汀作曲、端木蕻良作词的一首歌曲。此作原本是端木蕻良写于重庆的一首散文诗，作曲家贺绿汀将其谱写成具有戏剧性变化的独唱曲。

贺绿汀是我国著名的作曲家、音乐教育家，曾考入上海国立音乐专科学校，是黄自的四大弟子之一。中华人民共和国成立后，长期担任上海音乐学院院长。

《黄水谣》是《黄河大合唱》中的第四首。《黄河大合唱》由冼星海作曲、光未然作词，是一部史诗性的大型声乐套曲，全曲一共有八个篇章。《黄水谣》是混声合唱与女声合唱。

冼星海的作品的思想性和艺术性既有时代特点，也超越时代局限，具有强大的艺术感染力和生命力，在表现中华民族坚强不屈的奋斗精神和鲜明的民族风格方面达到了极高境界。其代表作有《救国军歌》《在太行山上》《到敌人后方去》《黄河大合唱》《生产大合唱》。

四、中国近代音乐（2）

《怀旧》是由黄自作曲的一首大型管弦乐序曲，是黄自在美国耶鲁大学音乐学院的毕业作品，是中国最早的交响乐作品之一。该曲有浓烈的浪漫气息和动人的悲剧色彩。

黄自是我国著名的作曲家、音乐教育家。早年留学美国，回国后在上海音乐专科学校任教，培养了许多优秀的音乐人才。代表作除了中国的第一部清唱歌剧《长恨歌》外，还有《旗正飘飘》《玫瑰三愿》。

《光明行》是刘天华所作的一部二胡曲。1931年《光明行》完成并公开演奏时，刘天华曾经在节目单上写道："因外国人都谓我国音乐萎靡不振，故作此曲以证其误。"

刘天华是我国著名的作曲家、演奏家、音乐教育家，曾发起组织"国乐改进社"。国乐改进社是刘天华等人于1927年在北京成立的一个专门从事民族音乐收集、整理、研究及创作的组织，出版有不定期刊物《音乐杂志》，到1934年共发刊十期。《音乐杂志》是中国第一份专门介绍民族音乐研究和改革的较早有影响的音乐刊物。

《思乡曲》选自《内蒙组曲》的第二乐章，由马思聪作曲。《内蒙组曲》又名《绥远组曲》，主题音乐来自绥远民歌《城墙上的跑马》。《思乡曲》作于1937年，当时，日寇侵华，马思聪有感而发，写下此曲。

马思聪是我国著名的作曲家、音乐教育家。中华人民共和国成立后担任中央音乐学院的首任院长。代表作有《内蒙组曲》《西藏音诗》《山林之歌》。

五、中国现当代音乐（1）

《花儿为什么这样红》是一首塔吉克族民歌，由雷振邦改词编曲后成为电影《冰山上的来客》中的一首插曲。其旋律悠扬清新，民族风格浓郁，抒情中略带一丝伤感。

《那就是我》是由陈晓光作词、谷建芬作曲的一首歌曲。谷建芬的代表作还有《年轻的朋友来相会》《采蘑菇的小姑娘》《那就是我》《歌声与微笑》《烛光里的妈妈》。

《春天的故事》是由叶旭全、蒋开儒作词，王佑贵作曲的一首歌曲。作为一首描述中国改革开放的优秀的歌曲，《春天的故事》紧扣时代的脉搏，表达了亿万人民的心声。

《多想对你说》是由尹相涛作词、杨一博作曲的一首歌曲。这首歌曲用质朴亲切的语言，深情诉说了中国人民对中国共产党的由衷赞颂之情，以及对全面建成小康社会、实现中华民族伟大复兴的信心和憧憬。

《强军战歌》是由王晓玲作词、印青作曲的一首歌曲。这首歌曲旋律简洁、刚劲有力，极具号召力，表现了中国军人不惧强敌敢较量、为祖国决胜疆场的决心与信念。

六、中国现当代音乐（2）

《保卫黄河》原是冼星海作曲的史诗性声乐套曲，在此处被殷承宗、储望华、盛礼洪、刘庄改编为钢琴协奏曲《黄河》的第四乐章。第四乐章的引子采用了《怒吼吧，黄河》和陕北民歌《东方红》的音调。

《第十交响曲——江雪》是朱践耳的代表作，是根据唐代诗人柳宗元的《江雪》为题材创作的单乐章交响曲，是中国交响音乐创作的代表性作品。这部风格和形式独特的交响曲具有摄人心魄的气势，其表现载体是磁带合成与乐队结合，是对传统交响乐形式的突破。乐曲以吟唱、古琴与交响乐队融合，刻画了古代被贬、空怀理想的文人形象。

朱践耳（1922—2017），安徽泾县人，作曲家。青年时代投身革命，中华人民共和国成立后曾留学于莫斯科柴科夫斯基音乐学院。主要作品有《第一交响曲》《第十交响曲》，管弦乐曲《节日序曲》，交响合唱《英雄的诗篇》，交响组曲《黔岭素描》，音诗《纳西一奇》，唢呐协奏曲《天乐》，民乐合奏《欢欣的日子》，以及歌曲《唱支山歌给党听》《接过雷锋的枪》《清晰的记忆》等。

《打溜子》是谭盾的作品，是多媒体交响协奏曲《地图》的选段。打溜子是一种民间打击乐演奏形式，流行于湘西、鄂西等土家族居住区，通常用锣、头钹、二钹、马锣来演奏。在这部作品中，作曲家将西方音乐传统的音乐会协奏曲形式与湘西民间音乐融为一体，通过现代科技的多媒体联通手段，实现乐队现场演奏与多媒体播放的有机结合。

测评案例（二）

一、单项选择题

1. 《哀郢》的演奏乐器是（　　）。
   A. 笙　　　　　B. 埙　　　　　C. 古琴　　　　　D. 箫
2. 《哀郢》采用的当代编曲的作曲家是（　　）。
   A. 龚国富　　　B. 王原平　　　C. 沈心工　　　　D. 李叔同
3. 《竹枝词》采用的当代编曲的作曲家是（　　）。
   A. 李沧桑　　　B. 王原平　　　C. 黎锦晖　　　　D. 龚国富
4. 《竹枝词》的演奏乐器是（　　）。
   A. 编磬　　　　B. 埙　　　　　C. 古琴　　　　　D. 笙
5. 《梅花三弄》的演奏乐器是（　　）。
   A. 箫　　　　　B. 埙　　　　　C. 笙　　　　　　D. 笛
6. 《梅花三弄》又名（　　）。
   A. 《梅曲》　　B. 《梅花引》　C. 《蕉庵琴》　　D. 《太音补遗》
7. 《梅花三弄》的创作时期是（　　）。
   A. 元朝　　　　B. 晋朝　　　　C. 宋朝　　　　　D. 唐朝
8. 《流水》的演奏乐器是（　　）。
   A. 笙　　　　　B. 埙　　　　　C. 古琴　　　　　D. 古筝
9. 《流水》琴谱源于（　　）。
   A. 《神奇秘谱》B. 《蕉庵琴》　C. 《太音补遗》　D. 《五知斋琴谱》
10. 《阳关三叠》是根据（　　）的诗而创作的。
    A. 屈原　　　　B. 杜甫　　　　C. 白居易　　　　D. 王维
11. 《阳关三叠》的琴歌版本由（　　）记谱。
    A. 董乐弦　　　B. 戴宏威　　　C. 王迪　　　　　D. 沈心工
12. 《阳关三叠》又名（　　）。
    A. 《渭城曲》　B. 《阳关颂》　C. 《扬州慢》　　D. 《梅花引》
13. 《阳春白雪》的演奏乐器是（　　）。
    A. 古琴　　　　B. 琵琶　　　　C. 古筝　　　　　D. 笙
14. 《阳春白雪》的典故出自（　　）时期。
    A. 战国　　　　B. 南北朝　　　C. 西周　　　　　D. 北宋

15. 《阳春白雪》选自（　　）。
    A. 《神奇秘谱》　　B. 《五知斋琴谱》　　C. 《自远堂琴谱》　　D. 《蕉庵琴谱》
16. 《十面埋伏》的演奏乐器是（　　）。
    A. 古琴　　　　　　B. 琵琶　　　　　　C. 古筝　　　　　　D. 笙
17. 《十面埋伏》又名（　　）。
    A. 《淮阴平楚》　　B. 《平沙落雁》　　C. 《浔阳夜月》　　D. 《寒鸦戏水》
18. 《黄河》的曲作者是（　　）。
    A. 李叔同　　　　　B. 刘雪庵　　　　　C. 沈心工　　　　　D. 聂耳
19. 《黄河》的词作者是（　　）。
    A. 马思聪　　　　　B. 杨度　　　　　　C. 张寒晖　　　　　D. 易韦斋
20. 《问》的曲作者是（　　）。
    A. 沈心工　　　　　B. 张寒晖　　　　　C. 萧友梅　　　　　D. 赵元任
21. 《问》的词作者是（　　）。
    A. 杨度　　　　　　B. 易韦斋　　　　　C. 雷振邦　　　　　D. 王冕
22. 《问》最早收录在（　　）。
    A. 《今乐初集》　　B. 《冬之旅》　　　C. 《昨非小录》　　D. 《新诗歌集》
23. 《教我如何不想她》的曲作者是（　　）。
    A. 萧友梅　　　　　B. 赵元任　　　　　C. 贺绿汀　　　　　D. 聂耳
24. 《教我如何不想她》的词作者是（　　）。
    A. 易韦斋　　　　　B. 盛李宏　　　　　C. 刘半农　　　　　D. 萧友梅
25. 《开路先锋》的曲作者是（　　）。
    A. 沈心工　　　　　B. 萧友梅　　　　　C. 李叔同　　　　　D. 聂耳
26. 《开路先锋》是电影（　　）的插曲。
    A. 《城南旧事》　　B. 《大路》　　　　C. 《九香》　　　　D. 《智取威虎山》
27. 《嘉陵江上》的曲作者是（　　）。
    A. 萧友梅　　　　　B. 贺绿汀　　　　　C. 李叔同　　　　　D. 沈心工
28. 《嘉陵江上》的词作者是（　　）。
    A. 孙师毅　　　　　B. 光未然　　　　　C. 端木蕻良　　　　D. 刘半农
29. 《黄水谣》选自（　　）。
    A. 《黄河船夫曲》　B. 《黄河大合唱》　C. 《新诗歌集》　　D. 《冬之旅》
30. 《黄水谣》的曲作者是（　　）。
    A. 聂耳　　　　　　B. 李叔同　　　　　C. 冼星海　　　　　D. 贺绿汀
31. 《黄水谣》的词作者是（　　）。
    A. 光未然　　　　　B. 刘雪庵　　　　　C. 张寒晖　　　　　D. 谭盾

32. 《怀旧》的曲作者是（　　）。
    A. 吴祖强　　　　B. 王燕樵　　　　C. 杜鸣心　　　　D. 黄自
33. 《怀旧》的体裁是（　　）。
    A. 管弦乐曲　　　B. 艺术歌曲　　　C. 协奏曲　　　　D. 交响音画
34. 《光明行》的曲作者是（　　）。
    A. 刘德海　　　　B. 马思聪　　　　C. 刘天华　　　　D. 华彦均
35. 《光明行》的演奏乐器是（　　）。
    A. 京胡　　　　　B. 二胡　　　　　C. 琵琶　　　　　D. 扬琴
36. 《思乡曲》的曲作者是（　　）。
    A. 马思聪　　　　B. 何占豪　　　　C. 陈钢　　　　　D. 吴祖强
37. 《思乡曲》的演奏乐器是（　　）。
    A. 小提琴　　　　B. 琵琶　　　　　C. 古筝　　　　　D. 钢琴
38. 《思乡曲》选自（　　）。
    A. 《草原放牧》　B. 《内蒙组曲》　C. 《城墙上跑马》　D. 《山林之歌》
39. 《花儿为什么这样红》是电影（　　）的插曲。
    A. 《九香》　　　B. 《城南故事》　C. 《冰山上的来客》　D. 《大路》
40. 《花儿为什么这样红》的曲作者是（　　）。
    A. 雷振邦　　　　B. 张寒晖　　　　C. 陈钢　　　　　D. 萧友梅
41. 《那就是我》的词作者是（　　）。
    A. 陈晓光　　　　B. 张寒晖　　　　C. 萧友梅　　　　D. 王佑贵
42. 《那就是我》的曲作者是（　　）。
    A. 谷建芬　　　　B. 张寒晖　　　　C. 贺绿汀　　　　D. 光未然
43. 《春天的故事》的曲作者是（　　）。
    A. 沈心工　　　　B. 李叔同　　　　C. 王迪　　　　　D. 王佑贵
44. 《春天的故事》的词作者是（　　）。
    A. 陈晓光　　　　B. 何占豪　　　　C. 陈钢　　　　　D. 叶旭全
45. 与《春天的故事》创作背景相关的伟人是（　　）。
    A. 毛泽东　　　　B. 周恩来　　　　C. 邓小平　　　　D. 朱德
46. 《多想对你说》的曲作者是（　　）。
    A. 谷建芬　　　　B. 三宝　　　　　C. 杨一博　　　　D. 沈心工
47. 《多想对你说》的词作者是（　　）。
    A. 陈晓光　　　　B. 尹相涛　　　　C. 蒋开儒　　　　D. 王祖皆
48. 《强军战歌》的曲作者是（　　）。
    A. 三宝　　　　　B. 谷建芬　　　　C. 印青　　　　　D. 光未然

49. 《强军战歌》的词作者是（　　）。
    A. 王晓岭　　　　B. 尹相涛　　　　C. 雷振邦　　　　D. 杨度
50. 《黄河》协奏曲的主奏乐器演奏是（　　）。
    A. 小提琴　　　　B. 钢琴　　　　　C. 邦笛　　　　　D. 单簧管
51. 《保卫黄河》选自《黄河》的第（　　）乐章。
    A. 二　　　　　　B. 三　　　　　　C. 四　　　　　　D. 一
52. 《保卫黄河》的原曲作者是（　　）。
    A. 沈心工　　　　B. 黄自　　　　　C. 冼星海　　　　D. 李叔同
53. 《第十交响曲——江雪》的曲作者是（　　）。
    A. 冼星海　　　　B. 朱践耳　　　　C. 光未然　　　　D. 黄自
54. 《第十交响曲——江雪》的体裁属于（　　）。
    A. 交响音画　　　B. 单乐章交响曲　C. 交响组曲　　　D. 交响素描
55. 《第十交响曲——江雪》是根据诗人（　　）的作品而创作的。
    A. 白居易　　　　B. 柳宗元　　　　C. 王羲之　　　　D. 杜甫
56. 《打溜子》属于民间（　　）。
    A. 弹奏形式　　　B. 演唱形式　　　C. 打击乐形式　　D. 吹奏形式
57. 《打溜子》属于（　　）体裁。
    A. 交响协奏曲　　B. 民族交响乐　　C. 标题协奏曲　　D. 交响诗
58. 《打溜子》的创作素材源自（　　）地区。
    A. 湘西　　　　　B. 张家界　　　　C. 云南　　　　　D. 四川

二、多项选择题

1. 《哀郢》曲作者是（　　），使用的乐器是（　　）。
    A. 龚国富　　　　B. 王原平　　　　C. 笙　　　　　　D. 埙
2. 《竹枝词》的演奏乐器有（　　）。
    A. 编磬　　　　　B. 埙　　　　　　C. 编钟　　　　　D. 笙
3. 《梅花三弄》又名（　　），是由（　　）乐器演奏的。
    A. 《梅曲》　　　B. 《梅花引》　　C. 箫　　　　　　D. 笙
4. 《流水》由（　　）演奏，琴谱最早见于（　　）。
    A. 古琴　　　　　B. 琵琶　　　　　C. 《神奇秘谱》　D. 《浔阳夜月》
5. 《阳关三叠》是根据诗人（　　）的古诗而作，又名（　　）。
    A. 屈原　　　　　B. 王维　　　　　C. 《渭城曲》　　D. 《阳关颂》

6. 《阳春白雪》由（　　）演奏，典故出自的朝代是（　　）。
   A. 古琴　　　　B. 琵琶　　　　C. 南北朝　　　　D. 战国时期
7. 《十面埋伏》全曲由（　　）段组成，又名为（　　）。
   A. 十三　　　　B. 十二　　　　C. 《平沙落雁》　　　　D. 《淮阴平楚》
8. 《黄河》的词曲作者分别是（　　）。
   A. 沈心工　　　B. 黄自　　　　C. 易韦斋　　　　D. 杨度
9. 《问》的词曲作者分别是（　　）。
   A. 赵元任　　　B. 雷振邦　　　C. 萧友梅　　　　D. 易韦斋
10. 《教我如何不想她》的词曲作者分别是（　　）。
    A. 赵元任　　　B. 贺绿汀　　　C. 盛李宏　　　　D. 刘丰农
11. 《开路先锋》是电影（　　）的插曲，曲作者是（　　）。
    A. 《大路》　　B. 《九香》　　C. 李叔同　　　　D. 聂耳
12. 《嘉陵江上》的词曲作者分别是（　　）。
    A. 端木蕻良　　B. 贺绿汀　　　C. 李叔同　　　　D. 光未然
13. 《黄水谣》的词曲作者分别是（　　）。
    A. 光未然　　　B. 刘雪庵　　　C. 冼星海　　　　D. 贺绿汀
14. 《怀旧》的体裁属于（　　），曲作者是（　　）。
    A. 管弦乐曲　　B. 艺术歌曲　　C. 杜鸣心　　　　D. 黄自
15. 《光明行》是由（　　）演奏的，曲作者是（　　）。
    A. 刘天华　　　B. 刘德海　　　C. 京胡　　　　　D. 二胡
16. 《思乡曲》选自（　　），曲作者是（　　）。
    A. 吴祖强　　　B. 《内蒙组曲》　C. 马思聪　　　　D. 《草原放牧》
17. 《花儿为什么这样红》是由（　　）改编的，被选为电影（　　）的插曲。
    A. 雷振邦　　　B. 萧友梅　　　C. 《城南故事》　　D. 《冰山上的来客》
18. 《那就是我》的词曲作者分别是（　　）。
    A. 陈晓光　　　B. 萧友梅　　　C. 谷建芬　　　　D. 张寒晖
19. 《春天的故事》的词曲作者分别是（　　）。
    A. 叶旭全　　　B. 蒋开儒　　　C. 萧友梅　　　　D. 王佑贵
20. 《多想对你说》的词曲作者分别是（　　）。
    A. 谷建芬　　　B. 三宝　　　　C. 杨一博　　　　D. 尹相涛
21. 《强军战歌》的词曲作者分别是（　　）。
    A. 三宝　　　　B. 王晓岭　　　C. 印青　　　　　D. 光未然
22. 钢琴协奏曲《黄河》是根据《黄河大合唱》集体改编而来的，创作者包括（　　）。
    A. 殷承宗　　　B. 刘庄　　　　C. 储望华　　　　D. 盛礼洪

23. 《第十交响曲——江雪》是以诗人（ ）的作品为题材而创作的，曲作者是（ ）。
    A. 冼星海　　　　B. 朱践耳　　　　C. 柳宗元　　　　D. 王羲之
24. 《打溜子》创作素材源自（ ）地区，属于民间（ ）。
    A. 湘西　　　　　B. 张家界　　　　C. 弹奏形式　　　D. 打击乐形式

三、听辨题

听辨题请扫码聆听

1. 聆听音响，判断该作品的名称是（ ）。
   A. 《阳关三叠》　　　　　　　　B. 《黄河》
   C. 《哀郢》　　　　　　　　　　D. 《打溜子》
2. 聆听音响，判断该作品的名称是（ ）。
   A. 《旱天雷》　　　　　　　　　B. 《梅花引》
   C. 《无锡景》　　　　　　　　　D. 《竹枝词》
3. 聆听音响，判断该作品的名称是（ ）。
   A. 《梅花三弄》　　　　　　　　B. 《思乡曲》
   C. 《虞舜薰风曲》　　　　　　　D. 《高山流水》
4. 聆听音响，判断该作品的名称是（ ）。
   A. 《酒狂》　　　B. 《旱天雷》　　C. 《流水》　　　D. 《问》
5. 聆听音响，判断该作品的名称是（ ）。
   A. 《水中倒影》　　　　　　　　B. 《夕阳箫鼓》
   C. 《阳关三叠》　　　　　　　　D. 《云雀》
6. 聆听音响，判断该作品的名称是（ ）。
   A. 《阳春白雪》　　　　　　　　B. 《澧水船夫号子》
   C. 《飘零的落花》　　　　　　　D. 《酒歌》
7. 聆听音响，判断该作品的名称是（ ）。
   A. 《夕阳箫鼓》　　　　　　　　B. 《枉凝眉》
   C. 《中花六板》　　　　　　　　D. 《十面埋伏》
8. 聆听音响，判断该作品的名称是（ ）。
   A. 《大江东去》　　　　　　　　B. 《达斯坦第一间奏曲》
   C. 《滚核桃》　　　　　　　　　D. 《黄河》

9. 聆听音响，判断该作品的名称是（　　）。
   A. 《你是这样的人》　　　　　　B. 《问》
   C. 《教我如何不想她》　　　　　D. 《那就是我》
10. 聆听音响，判断该作品的名称是（　　）。
    A. 《多想对你说》　　　　　　　B. 《春天里》
    C. 《教我如何不想她》　　　　　D. 《绿袖子》
11. 聆听音响，判断该作品的名称是（　　）。
    A. 《答案在风中飘扬》　　　　　B. 《开路先锋》
    C. 《强军战歌》　　　　　　　　D. 《保卫黄河》
12. 聆听音响，判断该作品的名称是（　　）。
    A. 《嘉陵江上》　　　　　　　　B. 《沂蒙山小调》
    C. 《思乡曲》　　　　　　　　　D. 《大江东去》
13. 聆听音响，判断该作品的名称是（　　）。
    A. 《黄河船夫曲》　　　　　　　B. 《黄河之水天上来》
    C. 《怒吼吧，黄河》　　　　　　D. 《黄水谣》
14. 聆听音响，判断该作品的名称是（　　）。
    A. 《义勇军进行曲》　　　　　　B. 《怀旧》
    C. 《紫竹调》　　　　　　　　　D. 《农民大生产》
15. 聆听音响，判断该作品的名称是（　　）。
    A. 《北风吹》　　B. 《夜深沉》　　C. 《编花篮》　　D. 《光明行》
16. 聆听音响，判断该作品的名称是（　　）。
    A. 《瑶族舞曲》　　B. 《乡恋》　　C. 《思乡曲》　　D. 《思乡》
17. 聆听音响，判断该作品的名称是（　　）。
    A. 《花儿为什么这样红》　　　　B. 《一抹夕阳》
    C. 《外婆的澎湖湾》　　　　　　D. 《田野静悄悄》
18. 聆听音响，判断该作品的名称是（　　）。
    A. 《我自己的歌》　　　　　　　B. 《那就是我》
    C. 《你是这样的人》　　　　　　D. 《小河淌水》
19. 聆听音响，判断该作品的名称是（　　）。
    A. 《春》　　　　　　　　　　　B. 《到琉森湖去》
    C. 《春天里》　　　　　　　　　D. 《春天的故事》
20. 聆听音响，判断该作品的名称是（　　）。
    A. 《九九艳阳天》　　　　　　　B. 《绿袖子》
    C. 《多想对你说》　　　　　　　D. 《你是这样的人》

21. 聆听音响，判断该作品的名称是（　　）。
    A. 《苏格兰战士》　　　　　　　B. 《强军战歌》
    C. 《森吉德玛》　　　　　　　　D. 《玉鸟兵站》
22. 聆听音响，判断该作品的名称是（　　）。
    A. 《怒吼吧，黄河》　　　　　　B. 《怀旧》
    C. 《黄河》　　　　　　　　　　D. 《田野静悄悄》
23. 聆听音响，判断该作品的名称是（　　）。
    A. 《第十交响曲》　　　　　　　B. 《第九交响曲》
    C. 《北风吹》　　　　　　　　　D. 《紫竹调》
24. 聆听音响，判断该作品的名称是（　　）。
    A. 《打溜子》　　　　　　　　　B. 《乡愁》
    C. 《牧歌》　　　　　　　　　　D. 《小白菜》

答案请扫码查看

第三单元　西方音乐

教学目标

　　文艺复兴之后，西方音乐得到了蓬勃发展。从巴洛克音乐的精致与华丽到古典主义音乐的严谨与典雅，从浪漫主义音乐的自由与奔放到现代音乐的多变与新奇，展现出以欧洲音乐为代表的西方音乐的发展历程。我们回溯三百多年的历史，通过聆听不同时期、不同风格的作品，感悟西方音乐的精髓。本单元旨在引导学生通过欣赏以欧洲音乐为代表的西方优秀音乐作品，感受、体验、了解这些作品的音乐特点与风格流派，感悟西方音乐的精髓。

　　（1）巴洛克时期。认识巴洛克时期的两位代表人物维瓦尔第和巴赫，熟悉和了解两位音乐家的生平、作品及其贡献；通过对《春》《G弦上的咏叹调》两首具有巴洛克时期音乐风格特征的经典音乐的欣赏，感受与体验巴洛克时期音乐的主要风格，了解巴洛克时期音乐的主要表现特征，尝试听辨具有典型的巴洛克音乐风格特征的作品；激发聆听欣赏西方音乐经典名曲的兴趣，丰富对西方音乐的感受与体验。

　　（2）古典主义时期。认识、理解古典主义音乐的风格特征，认知奏鸣曲、回旋曲的曲式结构；聆听、感受莫扎特的《G大调弦乐小夜曲》第二乐章，初步掌握古典主义音乐时期单纯、清晰、严谨的音乐风格；聆听贝多芬的《第五（命运）交响曲》第四乐章，了解维也纳古典主义后期的音乐文化特征。

　　（3）浪漫主义时期。认真聆听欣赏《D大调小提琴协奏曲》第三乐章和《A大调（军队）波兰舞曲》两首作品，感受浪漫主义高峰时期作品独特而鲜明的音乐风格，区分具有典型音乐风格的巴洛克、古典主义、浪漫主义时期的音乐；熟悉《D大调小提琴协奏曲》第三乐章中的主部、副部主题，了解乐曲的基本曲式结构；熟悉《A大调（军队）波兰舞曲》中的两个音乐主题，能用正确演唱主题，并感受乐曲所表达的情绪；认识音乐家肖邦、勃拉姆斯，了解两位音乐家的生平、作品及其成就。

　　（4）民族乐派。对民族乐派的产生、发展以及风格表现特征有初步的认识，并知晓和了解该乐派的代表作曲家，如格林卡、德沃夏克等；理解和掌握《卡玛林斯卡亚幻想曲》《e小调第九（自新世界）交响曲》的创作背景、风格特点、历史地位等相关音乐知识；认真聆听民族乐派相关音乐作品，随乐哼唱作品中的著名旋律主题，并能在聆听作品时准确追踪这些主题。

感知相关音乐作品的情绪，体会作曲家在音乐创作中蕴含的情感，并在此基础上对民族乐派的美学价值、历史意义等相关话题展开讨论和探究；就民族乐派兴起这一西方音乐史中的重要过程，对我国音乐艺术发展、中华民族走向"文化自信"的启示进行思考。

（5）印象主义。能认真聆听本课的音乐作品，在听赏体验的过程中感悟印象主义音乐与古典主义音乐的风格区别；能说出印象主义音乐的风格特点；认识印象主义音乐的代表人物德彪西，了解其生平、代表作品以及贡献。

（6）现代主义。能认真聆听《火鸟》（终曲）、《蓝色狂想曲》（选段）和《一个华沙的幸存者》（选段）三首具有经典性和代表性的现代主义音乐作品，感受现代主义音乐的风格特征；认知现代主义音乐的风格特征，能听辨出具有典型现代音乐风格特征的音乐作品，能简要说出现代主义音乐与巴洛克音乐、古典主义音乐、印象主义音乐在表现特征上的区别；认识现代主义音乐代表作曲家斯特拉文斯基、格什温和勋伯格，了解他们的生平、代表作品和成就。

课程内容

一、巴洛克时期

巴洛克时期（1600—1750），"巴洛克"原意为"不规则的珍珠"，其音乐表现出热烈、华丽、高贵、宏伟的装饰性，后用来特指这一音乐时期。

《春》是意大利的作曲家维瓦尔第的《四季》小提琴协奏曲中的一个部分。按照一年中的四季共分为《春》《夏》《秋》《冬》四个部分。维瓦尔第写了四首十四行诗，放在作品前面，分别描绘四季的景色。是维瓦尔第大约50岁时发表并献给波希米亚伯爵W·冯·莫尔津的一套大型作品，共十二部协奏曲（op.8），其中一号至四号合称《四季》，这四部作品均为采用三乐章协奏曲形式。维瓦尔第之前，还没有人以标题音乐的方式谱写过协奏曲。他是标题协奏曲的创始人，并为协奏曲的发展作出了巨大的贡献。

《G弦上的咏叹调》选自《D大调组曲》第二曲，是德国作曲家巴赫的作品。这首咏叹调旋律朴实，营造了沉静甜美的气氛，像一首温馨的乐曲。因德国小提琴家威廉密把其改成小提琴独奏，并将D大调移为C大调，并只在G弦上演奏，故称为《G弦上的咏叹调》。

巴赫是德国著名的作曲家，被称为"西方音乐之父"。他把音乐从宗教附属品的位置中解放出来，音乐不只是歌颂上帝，也歌颂平凡生命。他还把复调音乐发展成主调音乐，大大丰富了音乐表现力。并且，他确立了键盘十二平均律原则。除声乐作品外，巴赫奠定了现代西洋音乐几乎所有作品样式的体例基础。巴赫将复调的各种技法和大小调和声娴熟运用于自己的作品，被称为"复调音乐的集大成者"。

二、古典主义时期

《弦乐小夜曲》是奥地利作曲家莫扎特的作品。这首作品优美清新，结构为回旋曲式。该曲最早为弦乐合奏，后被改编为弦乐五重奏，尤其以弦乐四重奏最为流行。原有五个乐章，第五乐章因故失传，现仅存四个乐章。

莫扎特是古典主义时期的著名作曲家，与海顿、贝多芬并称为"维也纳三杰"。莫扎特除了被称为"音乐神童"，还是钢琴协奏曲的奠基人，主要的歌剧作品有《费加罗的婚礼》《唐璜》《魔笛》。

《c小调第五交响曲》（又称《命运交响曲》）是德国作曲家贝多芬的代表作，我们所听辨的第四乐章是一首凯旋式的进行曲，充满了热烈、欢腾的情绪，全曲为奏鸣曲式。

贝多芬被称为"乐圣"，是集古典主义之集大成者，是开浪漫主义之先河的伟大作曲家。他所创作的32部钢琴奏鸣曲被称为"钢琴的新约全书"。

古典主义时期具体指1750—1820年，分为前古典主义时期和维也纳古典主义时期，风格以简洁明快的主调音乐为主，结构严谨，手法洗练。

三、浪漫主义时期（1）

《菩提树》是声乐套曲《冬之旅》中的第五首，词作者是德国诗人缪勒，曲作者是奥地利作曲家舒伯特。这是舒伯特晚年的代表作之一，歌曲旋律与钢琴伴奏紧密结合，营造出意境深远的画面。

舒伯特是奥地利的著名作曲家，被称为"艺术歌曲之王"。他出生于维也纳郊外的教师家庭，自幼随父兄学习小提琴和钢琴。他是一位"自由艺术家"，一生中大部分时间都没有固定收入，生活贫寒，靠卖自己作品为生，艰难的生活使他31岁就离开了人世。

在舒伯特的艺术歌曲里，声乐的抒情旋律、戏剧化的表达方式和钢琴伴奏丰富的和声、色彩织体变化都成为重要的艺术表现因素，体现了歌词与音乐、人声与伴奏的理想统一。他首次将艺术歌曲的潜能充分挖掘，使这种体裁成为一种极富表现力的音乐形式。舒伯特的代表作有《美丽的磨坊女》《冬之旅》《死神与少女》《b小调第八交响曲（未完成）》《C大调第九交响曲》《鳟鱼》以及钢琴小品《音乐瞬间》。

《拉科奇进行曲》是法国作曲家柏辽兹的代表作之一。拉科奇是18世纪匈牙利的民族英雄。《拉科奇进行曲》又名《匈牙利进行曲》，是柏辽兹旅居布达佩斯时听到民间乐曲《拉科奇之歌》后深受感动而创作的。

柏辽兹是浪漫主义时期的著名作曲家。12岁就开始尝试作曲，一生不断从莎士比亚这位英国文豪的剧作中找寻灵感，如管弦乐序曲《李尔王》、戏剧交响曲《罗密欧与朱丽叶》等。同时，他也从其他文学名著中吸取养分，如《哈罗尔德在意大利》就取材于拜伦的诗作，而《浮士德的沉沦》则来自歌德的诗剧。他希望用一种标题性的音乐形态，抒发自己从其他艺术中所获得的理解与情感。

四、浪漫主义时期（2）

《D大调小提琴协奏曲》这部作品是德国作曲家勃拉姆斯的代表作，具有浓郁的田园牧歌风格和匈牙利民间情调，采用不规则的奏鸣回旋曲式写成，主部主题狂野奔放，两个插部主题与之形成对比，其中第二插部主题优美抒情，略带一丝忧伤。

勃拉姆斯是浪漫主义时期的德国作曲家，被称为反潮流音乐家，是德国浪漫主义时期最后一位古典主义作曲家。出生于音乐家庭，他的大部分创作时期是在维也纳度过的，他在创作中追求内在感情的深刻表现，反对浮华的表面效果。代表作是《第一交响曲》，这部作品又被称为"贝多芬第十交响曲"。

《A大调（军队）波兰舞曲》是波兰作曲家肖邦的代表作。这首乐曲刚劲有力、气势宏伟，节奏充满活力，表现了波兰军队的英雄气概和一往无前的战斗精神。

肖邦是浪漫主义时期波兰的作曲家、钢琴家。他一生创作了各种体裁形式的钢琴曲。他的作品具有浓厚的波兰民族风格，被称为"钢琴诗人"。

五、民族乐派

《卡玛林斯卡亚幻想曲》是俄国作曲家格林卡的代表作。该作品创作于1848年，创造性继承、发展俄罗斯民族音乐传统，将俄罗斯民歌交响化，是俄国第一部真正意义上的民族交响乐作品。他用两首俄罗斯民歌作主题，写成了一部民族风格浓郁的双主题变奏曲。这两部分别是《从山后，从高高的山后》和《卡玛林斯卡亚》。

格林卡是浪漫主义时期俄国民族乐派的代表人物，被誉为"俄罗斯音乐之父"。1804年出生于富裕的地主家庭，自幼受到乡村民间音乐的熏陶，于1817年师从约翰·菲尔德学钢琴、小提琴与和声，1833年赴维也纳柏林，师从西格弗里德·德恩学习作曲。

《e小调第九（自新世界）交响曲》是浪漫主义时期捷克民族乐派代表作曲家德沃

夏克创作的。这部作品是德沃夏克在美国停留的将近三年间，大约在1893年5月完成的。作曲家体现对美国所在"新大陆"的印象，曲中有"黑人灵歌"和美洲"印第安民谣"和旋律出现，但并非一味照搬，而是在音乐中糅进了这些民谣。

德沃夏克生于布拉格，早年入布拉格音乐学校，毕业后进行音乐创作，1890年受聘布拉格音乐学院教授，是捷克民族乐派的主要代表人物。他的代表作有《e小调第九（自新世界）交响曲》《斯拉夫舞曲》《幽默曲》，歌剧《水仙女》、交响诗《水妖》。

六、印象主义音乐

《牧神午后前奏曲》是法国作曲家德彪西的代表作。这首前奏曲是对同时代的法国象征主义诗人马拉美诗篇的自由诠释。他没有完全追寻诗人的构思，而是逐一描绘不同场景，开始时刻画牧神慵懒的神态，继而烘托牧神的种种欲望，幻想在午后热浪中蠢蠢欲动的情形，最后描绘牧神在追逐那些四处逃遁的水泽女神后疲惫地进入梦乡的场景。

德彪西是印象主义音乐的鼻祖，其作品特点是无古典主义音乐的严谨结构、深刻的思想性和逻辑性，无浪漫主义音乐的丰富情感，取而代之的是奇异的幻想因素、朦胧的感觉和空幻幽静的气象。和声色彩斑斓，配器细腻透明，旋律略带飘忽的感觉。

《水中倒影》是《意象集》第一集第一首，是法国作曲家德彪西的作品。乐曲开始时，浮动的和弦犹如潺潺流水，中间的旋律预示着水中倒影，一系列滑音和弦像一阵柔和的微风，使水面泛起粼粼银光。

七、现代主义音乐

《火鸟》是俄国作曲家斯特拉文斯基的作品。独奏圆号在弦乐震音的背景中奏出甜蜜如歌的俄罗斯民谣主题，随后主题在不同的乐器上反复，不断增加色彩，最后乐曲在缓慢壮观的尾声中结束。

斯特拉文斯基是美籍俄罗斯作曲家，20世纪最有影响的作曲家之一，西方现代音乐的重要代表人物。主要作品有舞剧《火鸟》《彼得鲁什卡》《春之祭》。

《蓝色狂想曲》是美国作曲家格什温的代表作。《蓝色狂想曲》由多个主题构成，乐曲结构自由，具有爵士乐即兴演奏的风格。乐曲从单簧管低音区的颤音开始，引出有爵士风格的幽默主题。开朗主题由小号奏出，开阔嘹亮，活力四射。它属于一部交响爵士乐。

格什温是美国著名的作曲家，主要作品有管弦乐《蓝色狂想曲》《一个美国人在巴黎》。他的音乐广泛吸收了黑人音乐和爵士乐音乐元素，深深打上了美国音乐的印记。

《一个华沙的幸存者》是为朗诵、男声合唱和乐队演出而作的作品，作曲家是奥地利作曲家勋伯格。《一个华沙的幸存者》以一位幸存者的亲身经历，描述了第二次世界大战期间德国法西斯在华沙集体屠杀犹太人的事件。音乐以十二个不同的音组成的音调序列为基本素材，通过复杂交错的节奏、极不协和的刺耳音响、无调性音调的序列进行，给人以动荡不安和紧张恐怖的感觉。作品以夸张的听觉冲击，揭露了法西斯的暴行，令人震惊。

勋伯格是美籍奥地利作曲家，创立了"十二音音乐"作曲体系，是无调性音乐的鼻祖。他与他的学生贝尔格、韦伯恩合称"新维也纳三杰"。代表作有《一个华沙的幸存者》《五首管弦乐》。

测评案例（三）

一、单项选择题

1. 《春》的曲作者是（　　）。
   A. 维瓦尔第　　　B. 斯卡拉蒂　　　C. 亨德尔　　　D. 穆索尔斯基
2. 《春》作品的创作时期是（　　）。
   A. 浪漫主义时期　　B. 巴洛克时期　　C. 古典主义时期　　D. 二十世纪
3. 《春》的体裁属于（　　）。
   A. 协奏曲　　　B. 交响曲　　　C. 奏鸣曲　　　D. 圆舞曲
4. 《G弦上的咏叹调》的创作时期是（　　）。
   A. 浪漫主义时期　　B. 巴洛克时期　　C. 古典主义时期　　D. 二十世纪
5. 《G弦上的咏叹调》的曲作者的国籍是（　　）。
   A. 德国　　　B. 法国　　　C. 意大利　　　D. 俄国
6. 《G弦上的咏叹调》选自（　　）。
   A. 《c小调组曲》　B. 《d小调组曲》　C. 《C大调组曲》　D. 《D大调组曲》
7. 《弦乐小夜曲》的曲作者的国籍是（　　）。
   A. 德国　　　B. 奥地利　　　C. 法国　　　D. 意大利
8. 《弦乐小夜曲》的创作时期是（　　）。
   A. 巴洛克　　　B. 浪漫主义　　　C. 古典主义　　　D. 二十世纪
9. 教材中节选的是《弦乐小夜曲》的第（　　）乐章。
   A. 第一乐章　　　B. 第二乐章　　　C. 第三乐章　　　D. 第四乐章
10. 《第五（命运）交响曲》的曲作者是（　　）。
    A. 巴赫　　　B. 莫扎特　　　C. 海顿　　　D. 贝多芬
11. 教材中节选的是《第五（命运）交响曲》的第（　　）乐章。
    A. 第一乐章　　　B. 第二乐章　　　C. 第三乐章　　　D. 第四乐章
12. 《第五（命运）交响曲》属于（　　）时期的作品。
    A. 巴洛克　　　B. 浪漫主义　　　C. 古典主义　　　D. 二十世纪
13. 《菩提树》选自声乐套曲（　　）。
    A. 《诗人之恋》
    B. 《冬之旅》
    C. 《美丽的磨坊女》
    D. 《月迷彼埃罗》
14. 《菩提树》的词作者是（　　）。
    A. 席勒　　　B. 缪勒　　　C. 舒巴尔　　　D. 舒贝尔

15. 《菩提树》的曲作者是（ ）。
    A. 舒伯特　　　　B. 舒曼　　　　　C. 门德尔松　　　D. 勃拉姆斯
16. 《拉科齐进行曲》的曲作者的国籍是（ ）。
    A. 德国　　　　　B. 奥地利　　　　C. 意大利　　　　D. 法国
17. 《拉科齐进行曲》的曲作者是（ ）。
    A. 柏辽兹　　　　B. 圣桑　　　　　C. 比才　　　　　D. 罗西尼
18. 《拉科齐进行曲》属于（ ）时期的作品。
    A. 浪漫主义时期　B. 巴洛克时期　　C. 古典主义时期　D. 二十世纪
19. 《D大调小提琴协奏曲》的曲作者是（ ）。
    A. 巴赫　　　　　B. 贝多芬　　　　C. 勃拉姆斯　　　D. 莫扎特
20. 教材中节选的是《D大调小提琴协奏曲》第（ ）乐章。
    A. 第一乐章　　　B. 第二乐章　　　C. 第三乐章　　　D. 第四乐章
21. 《D大调小提琴协奏曲》属于（ ）时期的作品。
    A. 浪漫主义时期　B. 巴洛克时期　　C. 古典主义时期　D. 二十世纪
22. 《A大调"军队"波兰圆舞曲》的曲作者是（ ）。
    A. 李斯特　　　　B. 肖邦　　　　　C. 格林卡　　　　D. 门德尔松
23. 《A大调"军队"波兰圆舞曲》的创作时期是（ ）。
    A. 浪漫主义时期　B. 巴洛克时期　　C. 古典主义时期　D. 二十世纪
24. 《A大调"军队"波兰圆舞曲》的演奏乐器是（ ）。
    A. 小提琴　　　　B. 小号　　　　　C. 钢琴　　　　　D. 圆号
25. 《卡玛林斯卡亚幻想曲》的曲作者是（ ）。
    A. 格林卡　　　　B. 格里格　　　　C. 穆索尔斯基　　D. 柴克夫斯基
26. 《卡玛林斯卡亚幻想曲》的体裁是（ ）。
    A. 交响曲　　　　B. 协奏曲　　　　C. 管弦乐曲　　　D. 圆舞曲
27. 《卡玛林斯卡亚幻想曲》的创作时期是（ ）。
    A. 浪漫主义时期　B. 巴洛克时期　　C. 古典主义时期　D. 二十世纪
28. 教材中节选的是《e小调第九（自新世界）交响曲》的第（ ）乐章。
    A. 第一乐章　　　B. 第二乐章　　　C. 第三乐章　　　D. 第四乐章
29. 《e小调第九（自新世界）交响曲》的作曲家的国籍是（ ）。
    A. 德国　　　　　B. 法国　　　　　C. 捷克　　　　　D. 波兰
30. 《e小调第九（自新世界）交响曲》的曲作者是（ ）。
    A. 德沃夏克　　　B. 斯美塔那　　　C. 勃拉姆斯　　　D. 里姆斯基科萨科夫
31. 《牧神午后前奏曲》的曲作者是（ ）。
    A. 柴可夫斯基　　B. 穆索尔斯基　　C. 德彪西　　　　D. 勋伯格

32. 《牧神午后前奏曲》的创作时期是（　　）。
    A. 浪漫主义时期　　　　　　　　　　B. 巴洛克时期
    C. 古典主义时期　　　　　　　　　　D. 印象主义时期

33. 《牧神午后前奏曲》的作曲家的国籍是（　　）。
    A. 德国　　　B. 法国　　　C. 波兰　　　D. 意大利

34. 《水中倒影》选自（　　）。
    A. 《冬之旅》　B. 《诗人之恋》　C. 《意象集》　D. 《贝尔加摩组曲》

35. 《水中倒影》的作曲家是（　　）。
    A. 捷克人　　B. 意大利人　　C. 美籍奥地利人　　D. 法国人

36. 《水中倒影》的创作时期是（　　）。
    A. 浪漫主义时期　　　　　　　　　　B. 巴洛克时期
    C. 古典主义时期　　　　　　　　　　D. 印象主义音乐时期

37. 《火鸟》的作曲家是（　　）。
    A. 美国人　　B. 奥地利人　　C. 英籍德国人　　D. 俄国人

38. 《火鸟》的曲作者是（　　）。
    A. 穆索尔斯基　　　　　　　　　　　B. 姆斯基科萨科夫
    C. 斯特拉温斯基　　　　　　　　　　D. 格林卡

39. 《火鸟》的创作时期是（　　）。
    A. 古典主义时期　　　　　　　　　　B. 浪漫主义时期
    C. 现代主义音乐时期　　　　　　　　D. 巴洛克时期

40. 《蓝色狂想曲》的体裁属于（　　）。
    A. 交响音画　　B. 爵士交响乐　　C. 交响协奏曲　　D. 标题协奏曲

41. 《蓝色狂想曲》的作曲家的国籍是（　　）。
    A. 美国　　　B. 德国　　　C. 法国　　　D. 奥地利

42. 《蓝色狂想曲》的曲作者是（　　）。
    A. 格里格　　B. 格林卡　　C. 格什温　　D. 勋伯格

43. 《一个华沙的幸存者》的曲作者是（　　）。
    A. 德彪西　　B. 柴可夫斯基　　C. 门德尔松　　D. 勋伯格

44. 《一个华沙的幸存者》的作曲家是（　　）。
    A. 美籍奥地利人　　　　　　　　　　B. 英籍德国人
    C. 德籍奥地利人　　　　　　　　　　D. 意大利人

45. 《一个华沙的幸存者》的创作时期是（　　）。
    A. 古典主义时期　　　　　　　　　　B. 浪漫主义时期
    C. 现代主义音乐时期　　　　　　　　D. 巴洛克时期

二、多项选择题

1. 《春》是（　）时期的作品，曲作者是（　）。
   A. 古典主义　　　B. 巴洛克　　　C. 维瓦尔第　　　D. 斯卡拉蒂

2. 《G弦上的咏叹调》选自（　），作曲家的国籍是（　）。
   A. 《d小调组曲》　B. 《D大调组曲》　C. 法国　　　D. 德国

3. 《弦乐小夜曲》是（　）时期的作品，曲作者的国籍是（　）。
   A. 浪漫主义　　　B. 古典主义　　　C. 德国　　　　D. 奥地利

4. 教材节选的是《第五（命运）交响曲》第（　）乐章，曲作者是（　）。
   A. 二　　　　　　B. 莫扎特　　　　C. 四　　　　　D. 贝多芬

5. 《菩提树》的词曲作者分别是（　）。
   A. 缪勒　　　　　B. 席勒　　　　　C. 舒伯特　　　D. 舒曼

6. 《拉科齐进行曲》又名（　），曲作者的国籍是（　）。
   A. 《匈牙利狂想曲》　　　　　B. 《匈牙利进行曲》
   C. 法国　　　　　　　　　　　D. 匈牙利

7. 《D大调小提琴协奏曲》的曲作者是（　），教材中节选的是第（　）乐章。
   A. 三　　　　　　B. 四　　　　　　C. 贝多芬　　　D. 勃拉姆斯

8. 《A大调（军队）波兰舞曲》的曲作者被称为（　）。
   A. 钢琴诗人　　　　　　　　　B. 钢琴协奏曲的奠基人
   C. 藏在花丛中的大炮　　　　　D. 钢琴之王

9. 《卡玛林斯卡亚幻想曲》的曲作者是（　），体裁属于（　）。
   A. 格林卡　　　　B. 格里格　　　　C. 交响曲　　　D. 管弦乐曲

10. 教材中节选的是《e小调第九（自新世界）交响曲》第（　）乐章，该作曲家的国籍是（　）。
    A. 四　　　　　　B. 一　　　　　　C. 捷克　　　　D. 奥地利

11. 《牧神午后前奏曲》是（　）时期的作品，作曲家是（　）。
    A. 浪漫主义　　　B. 印象主义　　　C. 柴可夫斯基　D. 德彪西

12. 《水中倒影》选自（　），作曲家的国籍是（　）。
    A. 《意象集》　　　　　　　　B. 《贝尔加摩组曲》
    C. 意大利　　　　　　　　　　D. 法国

13. 《火鸟》的曲作者是（　），他是（　）。
    A. 姆斯基科萨科夫　　　　　　B. 斯特拉温斯基
    C. 英籍德国人　　　　　　　　D. 俄国人

14. 《蓝色狂想曲》由（　　）创作，体裁属于（　　）。
   A. 格林卡　　　　B. 标题协奏曲　　　C. 格什温　　　　D. 爵士交响乐
15. 《一个华沙的幸存者》曲作者是（　　），属于（　　）时期的作品。
   A. 美籍奥地利人　B. 英籍德国人　　　C. 浪漫主义　　　D. 现代主义音乐

三、听辨题

听辨题请扫码聆听

1. 聆听音响，判断该作品的名称是（　　）。
   A. 《春》　　　　　　　　　　　　B. 《邀舞》
   C. 《爱之梦》　　　　　　　　　　D. 《芬兰颂》
2. 聆听音响，判断该作品的名称是（　　）。
   A. 《G大调弦乐小夜曲》　　　　　B. 《g小调四十交响曲》
   C. 《G弦上的咏叹调》　　　　　　D. 《水中倒影》
3. 聆听音响，判断该作品的名称是（　　）。
   A. 《欢乐颂》　　　　　　　　　　B. 《c小调革命练习曲》
   C. 《自由探戈》　　　　　　　　　D. 《弦乐小夜曲》
4. 聆听音响，判断该作品的名称是（　　）。
   A. 《幻想交响曲》　　　　　　　　B. 《蓝色多瑙河》
   C. 《多么美丽的世界》　　　　　　D. 《第五（命运）交响曲》
5. 聆听音响，判断该作品的名称是（　　）。
   A. 《魔王》　　　　　　　　　　　B. 《唐璜》
   C. 《菩提树》　　　　　　　　　　D. 《编花篮》
6. 聆听音响，判断该作品的名称是（　　）。
   A. 《人民英雄纪念碑》　　　　　　B. 《斗牛士之歌》
   C. 《桑塔·露琪亚》　　　　　　　D. 《拉科齐进行曲》
7. 聆听音响，判断该作品的名称是（　　）。
   A. 《四季小提琴协奏曲》　　　　　B. 《D大调小提琴协奏曲》
   C. 《1812序曲》　　　　　　　　　D. 《c小调革命练习曲》
8. 聆听音响，判断该作品的名称是（　　）。
   A. 《A大调（军队）波兰舞曲》　　B. 《森吉德玛》
   C. 《鳟鱼》　　　　　　　　　　　D. 《山神殿》

9. 聆听音响，判断该作品的名称是（　　）。
   A. 《卡玛林斯卡亚幻想曲》　　　　B. 《e小调第九（自新大陆）交响曲》
   C. 《晚上的拉格》　　　　　　　　D. 《芬兰颂》
10. 聆听音响，判断该作品的名称是（　　）。
    A. 《夏蝉之歌》　　　　　　　　　B. 《卡农序曲》
    C. 《e小调第九（自新世界）交响曲》 D. 《魔王》
11. 聆听音响，判断该作品的名称是（　　）。
    A. 《威廉·退尔》　　　　　　　　B. 《拉科奇进行曲》
    C. 《蓝色狂想曲》　　　　　　　　D. 《牧神午后前奏曲》
12. 聆听音响，判断该作品的名称是（　　）。
    A. 《亚麻色头发的少女》　　　　　B. 《月光》
    C. 《水中倒影》　　　　　　　　　D. 《春》
13. 聆听音响，判断该作品的名称是（　　）。
    A. 《鼓舞》　　　　　　　　　　　B. 《鹦鹉》
    C. 《欢乐颂》　　　　　　　　　　D. 《火鸟》
14. 聆听音响，判断该作品的名称是（　　）。
    A. 《蓝色多瑙河》　　　　　　　　B. 《外婆的澎湖湾》
    C. 《不知为何》　　　　　　　　　D. 《蓝色狂想曲》
15. 聆听音响，判断该作品的名称是（　　）。
    A. 《动物狂欢节》　　　　　　　　B. 《天鹅湖》
    C. 《一个华沙的幸存者》　　　　　D. 《怀旧》

答案请扫码查看

第四单元　中国民族民间音乐

教学目标

悠悠中华，几千年的发展历史积累了丰富的音乐文化艺术。民歌、民间歌舞、传统器乐、戏曲以及曲艺精彩纷呈，令人惊叹。让我们一同去揭开民族民间音乐的面纱，一览中国传统音乐的光华。

本单元的主要任务是引导学生感受、体验中国传统音乐的风格和文化特征，认识、理解传统音乐与社会生活、历史文化、民间习俗等的密切关系。

（1）汉族民歌。了解汉族民歌山歌、号子、小调的特点，能够区分民歌体裁；能与同学讨论、总结不同地域的汉族民歌风格形成的原因；能尝试演唱《澧水船夫号子》《赶牲灵》《无锡景》等不同民歌体裁的片段，感受汉族民歌不同体裁的独特韵味；感受汉族民歌蕴含的艺术魅力和丰富的情感，喜爱民歌并产生认同感；认识到汉族民歌亟待保护的现状，有传承和发展汉族民歌的愿望。

（2）少数民族民歌。能认真聆听《辽阔的草原》等五首少数民族民歌，并能从已有的音乐经验出发，分辨五首作品所属的民族；能自主搜集、了解少数民族地理环境、社会生活、语言文化、风俗习惯以及宗教信仰等方面的相关资料，并探究其与民歌特点之间的联系；能在感受少数民族民歌风格特点的基础上，探究少数民族民歌与相关民间文化的联系，谈一谈所感受到的少数民族民歌独特的艺术魅力。

（3）民族民间器乐曲。能够认真听赏《小放驴》《中花六板》《旱天雷》《达斯坦第一间奏曲》，感受河北吹歌、江南丝竹、广东音乐等民族器乐合奏曲的音乐特点；能够知道河北吹歌、江南丝竹、广东音乐、新疆维吾尔族木卡姆音乐常用的特性乐器及其音色特点；学生在聆听与了解民族器乐合奏曲的同时，能够产生热爱祖国传统民族音乐文化的自豪感。

（4）戏曲。初步了解《牡丹亭》《贵妃醉酒》《红楼梦》《七品芝麻官》《女驸马》的剧情；能认真聆听教材所选的昆曲、京剧、越剧、豫剧、黄梅戏等剧种中传统剧目的经典唱段，感受戏曲唱腔的韵味，了解各剧种唱腔的表现风格特点；能尝试模仿演唱2～3段唱腔的片段，体验戏曲唱腔的表现特点；认识明代剧作家汤显祖、京剧表演艺术家梅兰芳，了解他们的生平、成就。

（5）民间歌舞、曲艺。听赏民间歌舞音乐《看秧歌》《采茶灯》以及曲艺京韵大鼓《贺新春》、苏州弹词开篇《战长沙》，了解我国民间歌舞浓郁的地方特色以及曲艺的艺术魅力和韵味；能与老师一起表演《看秧歌》，体验民间歌舞边扭边唱、边唱边舞的表演性质；在听赏体验的基础上，能对民间歌舞与曲艺的表现形式、音乐特点以及风格特点进行探讨；在聆听、体验民间歌舞与曲艺音乐美的同时，产生热爱祖国民间歌舞与曲艺艺术的情感。

课程内容

一、民歌（1）

《澧水船夫号子》是一首湖南民歌，由船夫摇橹时唱的四个号子为基础改编而成，包括节奏平缓、曲调悠扬动听的《三幺台》《平板》和曲调简洁有力的《数板》（也叫低腔）以及节奏明快、曲调紧张急促的《高腔》等。

《赶牲灵》是一首陕北民歌。"赶牲灵"也称"赶脚"，即用牲畜长途为他人运输货物。《赶牲灵》被称为"中国陕北民歌之首"。《赶牲灵》的旋律高亢细腻，质朴风趣，把少女盼望心上人归来的心理活动表现得惟妙惟肖。

《小河淌水》是一首云南民歌，由尹宜公收集整理。这是一首优美抒情的民歌，有"东方小夜曲"之称。

《无锡景》是江苏民歌，是一首歌咏无锡城历史与自然风光的小调。歌曲的语言通俗、生动、形象，曲调优美细腻，具有说唱叙事的特点，反映了无锡人对家乡的赞美之情。

二、民歌（2）

《辽阔的草原》是一首蒙古族民歌，属于内蒙古呼伦贝尔市的"长调"歌曲。长调着重抒情，短调着重叙事。这首民歌节奏自由，旋律悠扬宽广、深沉隽永，具有浓郁的草原气息。

《牡丹汗》是一首新疆维吾尔族民歌，是一首流传于新疆伊犁一带的民歌。牡丹汗是一位美丽善良的姑娘。歌曲旋律婉转、深沉，略带忧伤，表达了小伙子对姑娘的思念之情。

《酒歌》是一首藏族民歌，又名《年轻的朋友》，是广为流传的藏族酒歌。曲调清新、质朴、流畅，具有浓郁的藏族民歌韵味。

《歌唱美丽的家乡》是一首苗族民歌，属于贵州苗族民歌中的"飞歌"体裁。飞歌是苗族歌曲的一种，意思为高声歌唱。

《夏蝉之歌》是一首侗族大歌，又名《我比蝉儿更伤心》。春末夏初，有一种侗族叫"额"的蝉虫在树林中喃喃鸣叫不停，声音凄惨，预示一个炎热漫长的夏天的到来。侗族民歌多为多声部歌曲。

三、民族民间器乐

《小放驴》是一首河北吹歌。这首河北吹歌曲调欢快、诙谐，管子和吹打乐队通过对答、学舌的形式，形象地表现了北方农村民间歌舞"跑驴"欢乐、幽默的场景。

河北吹歌是流行于河北各地的民间吹打乐，演奏者善用唢呐、管子等模仿民歌、戏曲唱腔与曲牌，所以称为"吹歌"。音乐简朴明朗，结构短小精悍。

河北吹歌的乐器组合有两类：一类是以管子、海笛为主，辅以丝弦，打击乐有大鼓、小鼓、铙、小钹、云锣、梆子等；二是以唢呐为主，辅以笙等，打击乐种类同前。

《中花六板》属于江南丝竹，又名《熏风曲》，是民间器乐曲牌《老六板》的放慢加花。《老六板》可以衍变为《快六板》《中六板》（又名《花六板》）、《中花六板》《慢六板》，这五首曲子合称为《五代同堂》。

《旱天雷》属于广东音乐，由严老烈改编。这首乐曲运用了民间音乐创作中常用的放慢、加花等技法，多用八度跳进。曲调清新优美，活泼流畅，生机盎然。

《达斯坦第一间奏曲》选自套曲《乌夏克木卡姆》，属于维吾尔族传统音乐。这首间奏曲先由简短的引子引出一个较长的慢板，随后乐队奏出热情洋溢的旋律，表达了人们对美好生活的赞叹。

木卡姆是维吾尔族传统音乐的一种，是由民歌、舞蹈和器乐组成的大型套曲，其中以南疆的木卡姆最为著名。南疆的木卡姆共有十二套，每套音乐结构由散板序曲、穷乃额玛、达斯坦和麦西莱普四个部分组成。"达斯坦"意为叙事歌曲，由三四首歌曲组成，歌曲之间有完整的间奏曲。伴奏乐器主要有萨塔尔，弹拨尔、都塔尔、热瓦普、艾捷克和手鼓等。2007年，十二木卡姆艺术被联合国教科文组织列入《人类非物质文化遗产名录》。

四、戏曲

《原来姹紫嫣红开遍》为昆曲《牡丹亭》中杜丽娘的唱段。《牡丹亭》是明代剧作家汤显祖的代表作，描写了杜丽娘与柳梦梅亦真亦幻的爱情故事。

昆曲原名昆山腔或昆腔，由昆山人顾坚草首创。明代时，魏良辅对昆山腔进行了改革，形成了新的声腔。因这种腔调软糯细腻，好像江南人吃的水磨粉做的糯米汤团，因此又被称为"水磨调"。昆曲被称为"百戏之祖""百戏之师"。有"中国戏曲之母"的雅称。魏良辅被称为"昆曲之祖"，有"曲圣"之称。

《海岛冰轮初转腾》是京剧《贵妃醉酒》中杨贵妃的唱段，唱腔为四平调唱腔。唐玄宗和杨玉环相约在有花亭饮宴赏花。杨玉环在亭中久候，而唐玄宗迟迟不来。后太监向杨玉环禀告，玄宗已转驾西宫去约会梅妃。杨玉环哀怨自伤，乃在亭中独酌，最后沉醉而归。海岛冰轮是一种比喻手法：海岛意为山峦，冰轮意为月亮，海岛冰轮初转腾说的是月亮刚刚升起。

梅兰芳是中国近代杰出的京昆旦行表演艺术家，"四大名旦"之首，举世闻名的中国戏曲艺术大师，所唱戏曲形成自己独特的艺术风格，也称"梅派"。代表剧目有《贵妃醉酒》《霸王别姬》等，昆曲有《游园惊梦》《断桥》等。

《天上掉下个林妹妹》是越剧《红楼梦》中的选段，主要描述林黛玉刚到贾府时的情景。她与还愿归来的贾宝玉第一次见面，彼此留下了十分美好的印象。这段唱腔清丽、动听，真切感人。

越剧是浙江的一种戏曲剧种，因浙江绍兴这一带为古越国而得名。越剧唱腔是在当地山歌、小调、说唱"落地唱书"的基础上发展起来的。越剧、京剧、黄梅戏、评剧、豫剧并称为"中国五大戏曲剧种"。越剧被称为"第二国剧"，是"全国第二大剧种"，国外把越剧称为"中国的歌剧"。

《锣鼓喧天齐把道喊》是豫剧《七品芝麻官》中的唱段。《七品芝麻官》又名《唐知县审诰命》，是豫剧表演艺术家牛得草的一出别具风采的喜剧性清官戏，情节生动，表演风趣。该剧讲述了县官唐成为民做主斗倒权贵的故事。

豫剧是"河南梆子"的简称，又名"河南高调"，分为豫西调（又称靠山簧）和豫东调（又称祥符调）两大支派。豫剧属于梆子声腔系统，是板腔体式。豫剧、曲剧、越调并称为"河南三大剧种"。京剧、越剧、豫剧被称为"中国戏曲三鼎甲"。

《谁料皇榜中状元》是黄梅戏《女驸马》中的选段，由陆洪非作词，王文治、方集富、时白林作曲。

黄梅戏是产生于湖北的黄梅县，而在安徽发展起来的重要剧种。黄梅戏是在黄梅县采茶调的基础上，受青阳腔、徽调的影响而逐渐形成的。

五、歌舞音乐、曲艺

《看秧歌》属于东北民间歌舞，其词曲由郭颂所编。东北大秧歌是东北人民群众非常喜爱的一种歌舞形式，大多边扭边唱，具有较强的表演性质。

《采茶灯》属于福建民间歌舞。明清时期，采茶灯的曲调被带入客家闽西山村，后与采茶姑娘的劳动生活相结合，渐渐演变为具有浓郁当地特色的民间歌舞。

《贺新春》属于京韵大鼓，是李延年作词、骆玉笙编曲的曲艺音乐。这首作品是骆玉笙80岁时创作的，作品运用京韵大鼓的传统手法，多以眼起板落安排字词。其内容高度概括了20世纪80年代以来中华大地的沧桑巨变，表现了中华儿女为祖国繁荣昌盛而奋发图强的信心与决心。

《战长沙》属于苏州弹词。这首苏州弹词的开篇具有很强的叙事性和艺术感染力。作品短小精悍，绘声绘色地描绘了《三国演义》中的关公、黄忠战长沙的故事。人物形象鲜明生动，唱腔悠扬委婉，使人身临其境，感受到硝烟四起、刀光剑影的历史场景。

测评案例（四）

一、单项选择题

1. 《澧水船夫号子》属于（　）地区的民歌。
   A. 湖南　　　　B. 湖北　　　　C. 河南　　　　D. 云南
2. 《澧水船夫号子》的拍号是（　）。
   A. 3/4　　　　B. 2/4　　　　C. 3/8　　　　D. 6/8
3. 《澧水船夫号子》属于（　）体裁。
   A. 民歌　　　　B. 山歌　　　　C. 小调　　　　D. 号子
4. 《赶牲灵》属于（　）民歌。
   A. 陕北　　　　B. 青海　　　　C. 陕西　　　　D. 四川
5. 《赶牲灵》属于（　）体裁。
   A. 花儿　　　　B. 信天游　　　C. 长调　　　　D. 短调
6. 《小河淌水》属于（　）体裁。
   A. 弥渡山歌　　B. 陕北信天游　C. 河北吹歌　　D. 河南梆子
7. 《小河淌水》后被朱践耳改编为（　）。
   A. 《流水》　　B. 《酒狂》　　C. 《牧童短笛》　D. 《涛声》
8. 《小河淌水》属于（　）地区的民歌。
   A. 云南　　　　B. 青海　　　　C. 江苏　　　　D. 浙江
9. 《无锡景》属于（　）体裁。
   A. 山歌　　　　B. 小调　　　　C. 号子　　　　D. 民歌
10. 《辽阔的草原》属于（　）的民歌。
    A. 青海省　　　B. 内蒙古自治区　C. 维吾尔族　　D. 西藏自治区
11. 《辽阔的草原》属于（　）体裁。
    A. 长调　　　　B. 短调　　　　C. 花儿　　　　D. 信天游
12. 《牡丹汗》属于（　）的民歌。
    A. 维吾尔族　　B. 内蒙古自治区　C. 青海省　　　D. 西藏自治区
13. 《酒歌》又名（　）。
    A. 《祝酒歌》　B. 《年轻的朋友》　C. 《酒狂》　　D. 《醉酒歌》
14. 《酒歌》属于（　）的民歌。
    A. 西藏自治区　B. 内蒙古自治区　C. 青海省　　　D. 甘肃省

15. 《歌唱美丽的家乡》属于（　　）的民歌。
    A. 彝族　　　　B. 侗族　　　　C. 汉族　　　　D. 苗族
16. 《歌唱美丽的家乡》属于（　　）体裁。
    A. 飞歌　　　　B. 长调　　　　C. 短调　　　　D. 彝族舞曲
17. 《夏蝉之歌》是（　　）的民歌。
    A. 傣族　　　　B. 汉族　　　　C. 侗族　　　　D. 苗族
18. 《夏蝉之歌》的演唱形式是（　　）。
    A. 合唱　　　　B. 独唱　　　　C. 齐唱　　　　D. 轮唱
19. 《夏蝉之歌》属于（　　）地区的民歌。
    A. 广州　　　　B. 贵州　　　　C. 河北　　　　D. 河南
20. 《小放驴》属于（　　）体裁。
    A. 河北吹歌　　B. 河北梆子　　C. 江南丝竹　　D. 信天游
21. 《小放驴》的主奏乐器是（　　）。
    A. 小号　　　　B. 琵琶　　　　C. 管子　　　　D. 唢呐
22. 《中花六板》属于（　　）体裁。
    A. 广东音乐　　B. 河北吹歌　　C. 江南丝竹　　D. 河北梆子
23. 《中花六板》又名（　　）。
    A. 《春调》　　B. 《梳妆台》　C. 《薰风曲》　D. 《城墙上的跑马》
24. 《中花六板》是乐曲（　　）的放慢加花。
    A. 《老六板》　B. 《中板三六》C. 《慢六板》　D. 《快六板》
25. 《旱天雷》属于（　　）体裁。
    A. 广东音乐　　B. 江南丝竹　　C. 越剧　　　　D. 评剧
26. 《旱天雷》是由（　　）改编的。
    A. 何柳堂　　　B. 严老烈　　　C. 吕文成　　　D. 丘鹤俦
27. 广东音乐的前身与（　　）有关。
    A. 评剧　　　　B. 粤剧　　　　C. 楚剧　　　　D. 越剧
28. 《达斯坦第一间奏曲》选自（　　）。
    A. 《沙迪尔传奇》　　　　　　B. 《土楼回响》
    C. 《乌夏克木卡姆》　　　　　D. 《江南丝竹》
29. 《达斯坦第一间奏曲》属于（　　）地区的音乐。
    A. 新疆　　　　B. 内蒙古　　　C. 西藏　　　　D. 宁夏
30. 《原来姹紫嫣红开遍》选自（　　）。
    A. 《牡丹亭》　B. 《贵妃醉酒》C. 《小二黑结婚》D. 《红楼梦》

31. 《原来姹紫嫣红开遍》的曲种为（　　）。
    A. 昆曲　　　　　B. 越剧　　　　　C. 京剧　　　　　D. 评剧
32. 《原来姹紫嫣红开遍》的曲作者是（　　）。
    A. 顾坚草　　　　B. 汤显祖　　　　C. 梅兰芳　　　　D. 魏良辅
33. 《海岛冰轮初转腾》选自（　　）。
    A. 《花木兰》　　B. 《智取威虎山》　C. 《牡丹亭》　　D. 《贵妃醉酒》
34. 《海岛冰轮初转腾》的曲种为（　　）。
    A. 昆曲　　　　　B. 京剧　　　　　C. 豫剧　　　　　D. 越剧
35. 《海岛冰轮初转腾》的唱腔属于（　　）。
    A. 皮黄腔　　　　　　　　　　　　B. 南梆子
    C. 四平调（平板二黄）　　　　　　D. 昆腔
36. 《天上掉下个林妹妹》选自（　　）。
    A. 《贵妃醉酒》　B. 《红楼梦》　　C. 《乱云飞》　　D. 《小二黑结婚》
37. 《天上掉下个林妹妹》的剧种为（　　）。
    A. 昆曲　　　　　B. 越剧　　　　　C. 粤剧　　　　　D. 豫剧
38. 《天上掉下个林妹妹》的唱腔为（　　）。
    A. 昆腔　　　　　B. 高拨子　　　　C. 尺调腔　　　　D. 二黄
39. 《锣鼓喧天齐把道喊》选自（　　）。
    A. 《七品芝麻官》　　　　　　　　B. 《红楼梦》
    C. 《乱云飞》　　　　　　　　　　D. 《霸王别姬》
40. 《锣鼓喧天齐把道喊》的剧种为（　　）。
    A. 评剧　　　　　B. 豫剧　　　　　C. 楚剧　　　　　D. 越剧
41. 《七品芝麻官》又名（　　）。
    A. 《唐知县审诰命》　　　　　　　B. 《包青天》
    C. 《秦香莲》　　　　　　　　　　D. 《探阴山》
42. 《谁料皇榜中状元》的词作者是（　　）。
    A. 田汉　　　　　B. 韦瀚章　　　　C. 陆洪非　　　　D. 李延年
43. 《谁料皇榜中状元》的曲种为（　　）。
    A. 黄梅戏　　　　B. 川剧　　　　　C. 晋剧　　　　　D. 河北梆子
44. 《谁料皇榜中状元》选自（　　）。
    A. 《女驸马》　　B. 《花木兰》　　C. 《孟姜女》　　D. 《张协状元》
45. 《看秧歌》是（　　）地区的民歌。
    A. 东北　　　　　B. 湖北　　　　　C. 河北　　　　　D. 甘肃

46.《看秧歌》的词作者是（　　）。

　　A. 田汉　　　　　B. 郭颂　　　　　C. 刘炽　　　　　D. 黄自

47.《采茶灯》属于（　　）地区的歌舞曲。

　　A. 湖北　　　　　B. 湖南　　　　　C. 宁夏　　　　　D. 福建

48.《采茶灯》是由（　　）传入闽西村，再广为流传的。

　　A. 宋代　　　　　B. 唐代　　　　　C. 明代　　　　　D. 元代

49.《采茶灯》所演绎的舞蹈名称为（　　）。

　　A.《龙岩采茶灯》　　　　　　　　　B.《采茶歌》

　　C.《采茶》　　　　　　　　　　　　D.《采茶新韵》

50.《贺新春》的体裁是（　　）。

　　A. 苏州弹词　　　B. 京韵大鼓　　　C. 河北吹歌　　　D. 河北梆子

51.《贺新春》的词作者是（　　）。

　　A. 贺绿汀　　　　B. 李延年　　　　C. 李叔同　　　　D. 王蕙然

52.《贺新春》的曲作者是（　　）。

　　A. 萧友梅　　　　B. 黄自　　　　　C. 张寒晖　　　　D. 骆玉笙

53.《战长沙》的体裁是（　　）。

　　A. 京韵大鼓　　　B. 苏州弹词　　　C. 河北吹歌　　　D. 河北梆子

54.《战长沙》歌词背景出自（　　）。

　　A.《水浒传》　　 B.《三国演义》　 C.《红楼梦》　　 D.《西游记》

55.《战长沙》的板速是（　　）。

　　A. 慢板　　　　　B. 快板　　　　　C. 小快板　　　　D. 中板

二、多项选择题

1.《澧水船夫号子》是以下列哪些号子为基础改编而成？（　　）

　　A.《平板》　　　 B.《数板》　　　 C.《三幺台》　　 D.《高腔》

2.《赶牲灵》属于哪个地区民歌？（　　）属于什么体裁？（　　）

　　A. 陕北　　　　　B. 内蒙古　　　　C. 长调　　　　　D. 信天游

3.《小河淌水》是哪个地区的民歌？（　　）后被朱践耳改编为了什么？（　　）

　　A. 湖北　　　　　B.《幸福歌》　　 C. 云南　　　　　D.《流水》

4.《无锡景》又名（　　），其体裁为（　　）。

　　A.《苏州景》　　 B.《对鸟》　　　 C. 小调　　　　　D. 山歌

5.《辽阔的草原》是哪一地区的民歌？（　　）属于什么体裁？（　　）

　　A. 西藏　　　　　B. 内蒙古　　　　C. 长调　　　　　D. 囊玛音调

6. 《牡丹汗》是哪一地区的民歌？（　）还继承了当地哪些音乐特点？（　）
   A. 新疆　　　　　B. 内蒙古　　　　C. 龟兹乐　　　　D. 高昌乐
7. 《酒歌》属于哪一地区的民歌？（　）这首歌又名什么？（　）
   A. 西藏　　　　　B. 内蒙古　　　　C. 《祝酒歌》　　D. 《年轻的朋友》
8. 《歌唱美丽的家乡》是哪个民族的民歌？（　）属于当地哪种音乐风格？（　）
   A. 苗族　　　　　B. 侗族　　　　　C. 侗族大歌　　　D. 苗族飞歌
9. 《夏蝉之歌》是哪个族的民歌？（　）又名什么？（　）
   A. 彝族　　　　　　　　　　　　　B. 侗族
   C. 《我比蝉儿更伤心》　　　　　　D. 《思乡曲》
10. 《小放驴》属于哪种风格？（　）主奏乐器是什么？（　）
    A. 河北吹歌　　　B. 侗族大歌　　　C. 琵琶　　　　　D. 管子
11. 《中花六板》属于哪种风格？（　）又名什么？（　）
    A. 江南丝竹　　　B. 老六板　　　　C. 《熏风曲》　　D. 《旱天雷》
12. 《旱天雷》属于哪种风格？（　）此曲是由谁改编的？（　）
    A. 广东音乐　　　B. 江南丝竹　　　C. 严老烈　　　　D. 何柳堂
13. 《达斯坦第一间奏曲》属于哪一地区的音乐？（　）选自（　）。
    A. 新疆　　　　　　　　　　　　　B. 内蒙古
    C. 《乌夏克木卡姆》　　　　　　　D. 《我的祖国》
14. 《原来姹紫嫣红》属于什么戏种？（　）选自哪里？（　）
    A. 昆曲　　　　　　　　　　　　　B. 京剧
    C. 《小二黑结婚》　　　　　　　　D. 《牡丹亭》
15. 《海岛冰轮初转腾》属于什么戏种？（　）选自哪里？（　）
    A. 京剧　　　　　B. 豫剧　　　　　C. 《贵妃醉酒》　D. 《花木兰》
16. 《天上掉下个林妹妹》属于什么戏种？（　）选自哪里？（　）
    A. 粤剧　　　　　B. 越剧　　　　　C. 《红楼梦》　　D. 《孟姜女》
17. 《锣鼓喧天齐把道喊》属于什么戏种？（　）选自哪里？（　）
    A. 《九品芝麻官》　　　　　　　　B. 京剧
    C. 《七品芝麻官》　　　　　　　　D. 豫剧
18. 《谁料皇榜中状元》属于什么戏种？（　）选自哪里？（　）
    A. 川剧　　　　　B. 黄梅戏　　　　C. 《女驸马》　　D. 《状元谱》
19. 《看秧歌》属于哪个地区的歌舞曲？（　）作曲家是谁？（　）
    A. 东北　　　　　B. 河南　　　　　C. 丘鹤俦　　　　D. 郭颂
20. 《采茶灯》是哪个地区的民歌？（　）所演绎的舞蹈名称是什么？（　）
    A. 深圳　　　　　B. 福建　　　　　C. 采茶新韵　　　D. 龙岩采茶灯

21. 《贺新春》的曲作者是谁？（　　）词作者是谁？（　　）
   A. 骆玉笙　　　B. 吕文成　　　C. 李廷年　　　D. 路树军
22. 《战长沙》属于哪一体裁？（　　）创作背景是什么？（　　）
   A. 苏州弹词　　B. 江南丝竹　　C. 《水浒传》　　D. 《三国演义》

三、听辨题

听辨题请扫码聆听

1. 聆听音响，判断该作品的名称是（　　）。
   A. 《澧水船夫号子》　　　　　B. 《春天的故事》
   C. 《山在虚无缥缈间》　　　　D. 《黄河》
2. 聆听音响，判断该作品的名称是（　　）。
   A. 《上去高山望平川》　　　　B. 《下四川》
   C. 《飘零的落花》　　　　　　D. 《赶牲灵》
3. 聆听音响，判断该作品的名称是（　　）。
   A. 《蓝色狂想曲》　　　　　　B. 《黄水谣》
   C. 《思乡曲》　　　　　　　　D. 《小河淌水》
4. 聆听音响，判断该作品的名称是（　　）。
   A. 《茉莉花》　　　　　　　　B. 《无锡景》
   C. 《赶牲灵》　　　　　　　　D. 《菩提树》
5. 聆听音响，判断该作品的名称是（　　）。
   A. 《竹枝词》　　　　　　　　B. 《辽阔的草原》
   C. 《光明行》　　　　　　　　D. 《春》
6. 聆听音响，判断该作品的名称是（　　）。
   A. 《酒歌》　　　　　　　　　B. 《小放驴》
   C. 《牡丹汗》　　　　　　　　D. 《旱天雷》
7. 聆听音响，判断该作品的名称是（　　）。
   A. 《看秧歌》　　　　　　　　B. 《酒歌》
   C. 《中花六板》　　　　　　　D. 《采茶灯》
8. 聆听音响，判断该作品的名称是（　　）。
   A. 《歌唱美丽的家乡》　　　　B. 《小放驴》
   C. 《旱天雷》　　　　　　　　D. 《乡恋》

9. 聆听音响，判断该作品的名称是（　　）。
   A.《琵琶语》　　　　　　　　　　B.《白毛女》
   C.《两个犹太人》　　　　　　　　D.《夏蝉之歌》

10. 聆听音响，判断该作品的名称是（　　）。
    A.《鼓舞》　　　　　　　　　　　B.《枉凝眉》
    C.《一抹夕阳》　　　　　　　　　D.《小放驴》

11. 聆听音响，判断该作品的名称是（　　）。
    A.《中花六板》　　　　　　　　　B.《战长沙》
    C.《阿里郎》　　　　　　　　　　D.《云雀》

12. 聆听音响，判断该作品的名称是（　　）。
    A.《谁料皇榜中状元》　　　　　　B.《绿袖子》
    C.《旱天雷》　　　　　　　　　　D.《贺新春》

13. 聆听音响，判断该作品的名称是（　　）。
    A.《达斯坦第一间奏曲》　　　　　B.《大江东去》
    C.《欢乐颂》　　　　　　　　　　D.《乡恋》

14. 聆听音响，判断该作品的名称是（　　）。
    A.《鹧鸪》　　　　　　　　　　　B.《云雀》
    C.《枉凝眉》　　　　　　　　　　D.《原来姹紫嫣红开遍》

15. 聆听音响，判断该作品的名称是（　　）。
    A.《大江东去》　　　　　　　　　B.《海岛冰轮初转腾》
    C.《阿里郎》　　　　　　　　　　D.《酒歌》

16. 聆听音响，判断该作品的名称是（　　）。
    A.《天上掉下个林妹妹》　　　　　B.《鹧鸪》
    C.《乡恋》　　　　　　　　　　　D.《旱天雷》

17. 聆听音响，判断该作品的名称是（　　）。
    A.《锣鼓喧天齐把道喊》　　　　　B.《开路先锋》
    C.《过山》　　　　　　　　　　　D.《光明行》

18. 聆听音响，判断该作品的名称是（　　）。
    A.《教我如何不想他》　　　　　　B.《谁料皇榜中状元》
    C.《春》　　　　　　　　　　　　D.《问》

19. 聆听音响，判断该作品的名称是（　　）。
    A.《看秧歌》　　　　　　　　　　B.《贺新春》
    C.《滚核桃》　　　　　　　　　　D.《拉网小调》

20. 聆听音响,判断该作品的名称是（　　）。
    A. 《采茶灯》　　　　　　　　　B. 《晚上的拉格》
    C. 《九九艳阳天》　　　　　　　D. 《鸟儿在歌唱》

21. 聆听音响,判断该作品的名称是（　　）。
    A. 《我爱你,中国》　　　　　　B. 《山在虚无缥缈间》
    C. 《过山》　　　　　　　　　　D. 《贺新春》

22. 聆听音响,判断该作品的名称是（　　）。
    A. 《战长沙》　　　　　　　　　B. 《弥渡山歌》
    C. 《松花江上》　　　　　　　　D. 《阳关三叠》

答案请扫码查看

第五单元　外国民族民间音乐

教学目标

　　本单元旨在引导学生领略风格各异的外国民族民间音乐，认识理解民族民间音乐与社会生活、历史文化、地理环境、宗教信仰等方面的密切关系，开阔学生的视野，培养学生的人文情怀。

　　（1）亚洲民族民间音乐。能有感情地随乐学唱《阿里郎》《拉网小调》，感受东亚音乐的特点；能认真聆听菲律宾民间乐曲《鹦鹉》，积极参与音乐实践活动，感受东南亚乐曲风格，探索其音乐风格特点形成的原因；能独立搜集东亚、东南亚有关国家和地区的图片、音响及文字资料，开展研究性学习，或在班上进行专题研讨、交流或表演。

　　聆听、感受、体验南亚、西亚、中亚这三个地区具有代表性的音乐作品，感受此地域民间音乐的风格；结合图片和视频，了解代表性乐器的外形特点与演奏方式，南亚、中亚音乐风格的来源与西亚音乐体系的特征；初步了解南亚、西亚、中亚地区音乐的形成原因，理解该地区成为世界音乐源流之一的原因及其产生的影响。

　　（2）非洲、美洲民族民间音乐。聆听与体验非洲、美洲民族民间音乐，感受其丰富多彩的艺术魅力与风格特点，并能尊重其音乐文化；能学会辨别探戈音乐的主要伴奏乐器（如钢琴、手风琴、小提琴）的音色、节奏和旋律特点；感受美洲歌舞音乐节奏特点以及非洲以鼓为灵魂的音乐特点；在听赏、体验的基础上，能积极参加小组讨论，归纳、总结美洲音乐的风格特点，并能够了解美洲音乐受欧非、印第安音乐综合影响的特点。

　　（3）欧洲民族民间音乐。聆听西欧、中欧与西南欧的民族民间音乐，在欣赏中表现出对欧洲民族民间音乐文化的兴趣；积极参加相关的音乐探究实践活动，了解欧洲代表性的民族民间歌曲、舞蹈、器乐的风格特点。从文化角度探寻欧洲民族民间音乐风格形成的原因，认识西欧、中欧与西南欧民族民间音乐对世界音乐的贡献。

> 课程内容

一、亚洲民族民间音乐（1）

《阿里郎》是一首朝鲜语民歌，曲调委婉抒情，节奏轻快流畅，表现了一位朝鲜族姑娘对恋人的思念。《阿里郎》全称为《阿里郎打令》。

《拉网小调》是一首日本民歌，又名《索兰调》，是日本北海道渔民在捕鱼时演唱的一种劳动号子。旋律铿锵有力、轻快活泼，生动地描绘了渔民愉悦的劳动场景。

《鹦鹉》是一首菲律宾民间乐曲，原本是一首印度尼西亚民歌，流传至菲律宾以后被改编成用安格隆演奏的乐曲。安格隆又被称为"竹筒琴"，是起源于印度尼西亚、流行于东南亚地区的一种摇奏和击奏类乐器。这首乐曲为二段体结构，轻快活泼，以第二段的材料作为引子，乐曲完整地演奏两遍之后，第二段加速反复一次直至结束。

二、亚洲民族民间音乐（2）

《晚上的拉格》是一首西塔尔琴独奏的印度民间乐曲。"拉格"一词是梵语"色彩、情绪"的意思，是一种与调式有关的旋律程式，既包括调式功能，又包括旋律特点。

《晚上的拉格》从连续拨奏空弦和带有装饰性的下行音阶开始，接着音乐由慢渐快，旋律富有动感，经过一段欢快、令人心潮起伏的曲调之后，音乐逐渐恢复平静。最后，音乐在轻柔的拨奏声中结束。

《苏丽珂》是一首格鲁吉亚民歌，由格鲁吉亚的作曲家阿·阿历山大罗夫编曲，这是一首多声部的民歌。

《你呀你呀》是一首叙利亚民歌。

三、非洲、美洲民族民间音乐

《鼓舞》是一首由布隆迪圣鼓演奏的布隆迪民间舞曲。圣鼓在布隆迪是王权、神权或氏族的象征，是在国王加冕或播种季节来临等特定场合表演的一种鼓乐。圣鼓表演时采用一领众和的形式，领奏的鼓手用强有力的身体动作带动众鼓手奏出洪亮、震撼性的鼓声，以示种族的繁衍与丰硕的收获。

《什锦菜》是美国乡村音乐，由汉克·威廉姆斯作词。其旋律动听、和声优美，表达了对幸福生活的向往。

《自由探戈》是阿根廷的作曲家皮亚佐拉作曲的一首作品，是为电影《探戈课》

所作的主题曲，热情奔放又带有紧张气氛。作品将探戈风格与流行和古典的风格融为一体，并采用多元化的思维方式含蓄地表达出独特的音乐理念。

四、欧洲民族民间音乐

《田野静悄悄》是一首俄罗斯民歌，由作曲家西姆柯夫改编。

《云雀》是一首罗马尼亚的民间乐曲，由排箫演奏。排箫音色清脆亮丽，穿透力强，是欧洲最古老的乐器之一。《云雀》通过滑音和颤音技法的巧妙运用，描绘了春天里云雀在天空飞翔，在树间欢叫、跳跃的情景，展示了大自然的勃勃生机。

《鸟儿在歌唱》是一首保加利亚民歌，属于女声重唱，运用欧亚唱法演唱，其自由的喉音与类似金属声的二度音程，具有强烈的冲击力，给人以温柔与粗鲁、甜蜜与压抑的交错之感。

五、欧洲民族民间音乐（2）

《桑塔·露琪亚》是一首意大利民歌，在那不勒斯地区流行。那不勒斯民歌因为其优美的旋律，独特的风格、丰富的表达方式，而成为众多意大利歌剧作曲家灵感的源泉。

《到琉森湖去》是一首瑞士的民歌，流行于瑞士的东部，采用"约德尔"唱法演唱。歌曲轻快活泼，音程跳动很大，低音区的真声和高音区的假声快速交替，表达了人们去琉森湖游玩时的欢快心情。

《苏格兰勇士》是一首由风笛演奏的苏格兰民间乐曲。节奏平稳，曲调简练，表现了苏格兰勇士果敢刚毅、勇往直前的精神风貌。

《弗拉门戈》是一首西班牙民间音乐。"弗拉门戈"本身是西班牙南方安达卢西亚一种融舞蹈、歌唱、器乐于一体的综合艺术，采用吉他和响板伴奏，曲调流畅、节奏明快，兼具吉普赛和阿拉伯音乐的特点。

测评案例（五）

一、单项选择题

1. 《阿里郎》是（ ）的歌曲？
   A. 大和族　　　　B. 朝鲜族　　　　C. 泰族　　　　D. 老挝族
2. 《阿里郎》的全称是（ ）。
   A. 《阿里郎打令》　　　　　　　　B. 《桔梗谣》
   C. 《我的郎君》　　　　　　　　　D. 《道拉吉》
3. 《拉网小调》是哪个国家的歌曲？（ ）
   A. 日本　　　　　B. 朝鲜　　　　　C. 韩国　　　　D. 中国
4. 《拉网小调》又名（ ）。
   A. 《索兰调》　　　　　　　　　　B. 《巴拉提木卡姆》
   C. 《樱花》　　　　　　　　　　　D. 《北国之春》
5. 《拉网小调》的调性是（ ）。
   A. 降A大调　　　B. 降b小调　　　C. F宫五声调式　　D. C宫五声调式
6. 《鹦鹉》是哪个国家的音乐？（ ）
   A. 保加利亚　　　B. 古巴　　　　　C. 菲律宾　　　　D. 俄罗斯
7. 《晚上的拉格》是哪个国家的音乐？（ ）
   A. 印度　　　　　B. 菲律宾　　　　C. 阿塞拜疆　　　D. 蒙古
8. 《晚上的拉格》音乐体裁是（ ）。
   A. 独奏曲　　　　B. 管弦乐　　　　C. 交响乐　　　　D. 声乐曲
9. 《晚上的拉格》的演奏乐器是（ ）。
   A. 西塔尔琴　　　B. 萨郎吉　　　　C. 小提琴　　　　D. 钢琴
10. 《苏丽珂》是哪个国家的音乐？（ ）
    A. 俄罗斯　　　　B. 格鲁吉亚　　　C. 阿塞拜疆　　　D. 印度
11. 《苏丽珂》的曲作者是（ ）。
    A. 阿·阿历山大罗夫　　　　　　　B. 莫尔金
    C. 格里格　　　　　　　　　　　　D. 亨德尔
12. 《苏丽珂》的词作者是（ ）。
    A. 阿卡基耶·蔡瑞泰　　　　　　　B. 约翰·沃尔夫冈·冯·歌德
    C. 切斯瓦夫·米沃什　　　　　　　D. 耶胡达·阿米亥

13. 《你呀你呀》是哪个国家的音乐？（　　）
    A. 叙利亚　　　　B. 秘鲁　　　　　C. 菲律宾　　　　D. 俄罗斯
14. 《你呀你呀》是一首歌颂（　　）的歌曲。
    A. 亲情　　　　　B. 爱情　　　　　C. 友情　　　　　D. 英雄
15. 《鼓舞》是哪个国家的音乐？（　　）
    A. 布隆迪民　　　B. 美国　　　　　C. 秘鲁　　　　　D. 阿塞拜疆
16. 演奏《鼓舞》的乐器是（　　）。
    A. 布隆迪圣鼓　　B. 腰鼓　　　　　C. 花盆鼓　　　　D. 渔鼓
17. 《什锦菜》是哪个国家的音乐？（　　）
    A. 美国　　　　　B. 德国　　　　　C. 英国　　　　　D. 波兰
18. 《什锦菜》的词作者是（　　）。
    A. 汉克·威廉姆斯　　　　　　　　　B. J·P·奥德威
    C. 杰斯·哈里斯　　　　　　　　　　D. 格里格
19. 《自由探戈》是哪个国家的音乐？（　　）
    A. 阿根廷　　　　B. 俄罗斯　　　　C. 新加坡　　　　D. 荷兰
20. 《自由探戈》的曲作者是（　　）。
    A. 皮亚佐拉　　　B. 威尔第　　　　C. 韦德　　　　　D. 肖邦
21. 《自由探戈》是为下列哪部电影而创作的？（　　）
    A. 《探戈一号》　　　　　　　　　　B. 《心碎的探戈》
    C. 《探戈课》　　　　　　　　　　　D. 《撒旦的探戈》
22. 《田野静悄悄》是哪个国家的音乐？（　　）
    A. 俄罗斯　　　　B. 德国　　　　　C. 英国　　　　　D. 波兰
23. 《田野静悄悄》的曲作者是（　　）。
    A. 希姆柯夫　　　B. 穆索尔斯基　　C. 居伊　　　　　D. 鲍罗丁
24. 《田野静悄悄》流入中国后，由（　　）填词，备受好评。
    A. 荆兰　　　　　B. 李弘一　　　　C. 叶佳修　　　　D. 张寒晖
25. 《云雀》是哪个国家的乐曲？（　　）
    A. 罗马尼亚　　　B. 印度　　　　　C. 保加利亚　　　D. 英国
26. 《云雀》的演奏乐器是（　　）。
    A. 长笛　　　　　B. 排箫　　　　　C. 钢琴　　　　　D. 小提琴
27. 《鸟儿在歌唱》是哪个国家的音乐？（　　）
    A. 罗马尼亚　　　B. 阿塞拜疆　　　C. 俄罗斯　　　　D. 保加利亚
28. 《鸟儿在歌唱》的演唱方式是（　　）。
    A. 男生重唱　　　B. 女生独唱　　　C. 女生重唱　　　D. 男生独唱

29. 《鸟儿在歌唱》采用什么唱法演唱？（　　）
    A. 约德尔唱法　　B. 欧亚唱法　　C. 美声唱法　　D. 民族唱法
30. 《桑塔·露琪亚》是哪个国家的民歌？（　　）
    A. 意大利　　B. 法国　　C. 德国　　D. 日本
31. 《桑塔·露琪亚》属于（　　）。
    A. 管弦乐曲　　B. 交响曲　　C. 艺术歌曲　　D. 器乐曲
32. 《桑塔·露琪亚》的音乐特点是（　　）。
    A. 前短后长　　B. 忽快忽慢　　C. 先强后弱　　D. 前长后短
33. 《到琉森湖去》是哪个国家的民歌？（　　）
    A. 瑞士　　B. 法国　　C. 英国　　D. 美国
34. 《到琉森湖去》采用的唱法是（　　）。
    A. 美声唱法　　B. 民族唱法　　C. 约德尔唱法　　D. 欧亚唱法
35. 《苏格兰勇士》的演奏乐器是（　　）。
    A. 风笛　　B. 排箫　　C. 小号　　D. 萨克斯
36. 《苏格兰勇士》是哪个国家的民歌？（　　）
    A. 英国　　B. 德国　　C. 苏格兰　　D. 美国
37. 《弗拉门戈》是哪个国家的民间音乐？（　　）
    A. 阿根廷　　B. 西班牙　　C. 古巴　　D. 荷兰
38. 《弗拉门戈》是融合了哪两个地域文化的音乐？（　　）
    A. 德国与阿根廷　　　　　　B. 西班牙与阿塞拜疆
    C. 吉卜赛与阿拉伯　　　　　D. 秘鲁与荷兰

二、多项选择题

1. 《阿里郎》是（　　）的民歌。是谁译配的歌词？（　　）
    A. 大和族　　B. 朝鲜族　　C. 崔东均　　D. 施鸿鄂
2. 《拉网小调》是哪个国家的民歌？（　　）是谁译配的歌词？（　　）
    A. 朝鲜　　B. 日本　　C. 崔东均　　D. 施鸿鄂
3. 《鹦鹉》是哪个国家的乐曲？（　　）演奏乐器是什么？（　　）
    A. 荷兰　　B. 菲律宾　　C. 安格隆　　D. 钢琴
4. 《晚上的拉格》是哪个国家的乐曲？（　　）演奏乐器是什么？（　　）
    A. 印度　　B. 西塔尔琴　　C. 菲律宾　　D. 安格隆
5. 《苏丽珂》是哪个国家的民歌？（　　）曲作者是谁？（　　）
    A. 叙利亚　　　　　　　　　B. 格鲁吉亚
    C. 阿·阿历山大罗夫　　　　D. 汉克·威廉姆斯

6. 《你呀你呀》（　　）是属于哪个国家的民歌？歌颂的是什么？（　　）
   A. 印度　　　　B. 叙利亚　　　　C. 亲情　　　　D. 爱情
7. 《鼓舞》是哪个国家的音乐？（　　）使用什么乐器演奏？（　　）
   A. 布隆迪　　　B. 菲律宾　　　　C. 西塔尔琴　　D. 布隆迪圣鼓
8. 《什锦菜》是哪个国家的音乐？（　　）曲作者是谁？（　　）
   A. 美国　　　　　　　　　　　　B. 汉克·威廉姆斯
   C. 日本　　　　　　　　　　　　D. 杰斯·哈里斯
9. 《自由探戈》融入了以下哪些元素？（　　）
   A. 探戈风格　　B. 流行　　　　　C. 古典　　　　D. 爵士
10. 《田野静悄悄》是哪个国家的音乐？（　　）由哪位曲作者改编？（　　）
    A. 奥地利　　　B. 俄罗斯　　　　C. 希姆柯夫　　D. 鲍罗丁
11. 《云雀》是哪个国家的民歌？（　　）演奏乐器是什么？（　　）
    A. 罗马尼亚　　B. 保加利亚　　　C. 排箫　　　　D. 竖琴
12. 《鸟儿在歌唱》是哪个国家的民歌？（　　）运用了哪种唱法？（　　）
    A. 罗马尼亚　　B. 保加利亚　　　C. 欧亚唱法　　D. 约德尔唱法
13. 《桑塔·露琪亚》是哪个国家的民歌？（　　）由谁译配？（　　）
    A. 奥地利　　　B. 意大利　　　　C. 周峰　　　　D. 邓映易
14. 《到琉森湖去》是哪个国家的民歌？（　　）使用何种唱法？（　　）
    A. 瑞士　　　　B. 意大利　　　　C. 欧亚唱法　　D. 约德尔唱法
15. 《苏格兰勇士》是哪个国家的乐曲？（　　）演奏乐器是什么？（　　）
    A. 苏格兰　　　B. 西班牙　　　　C. 排箫　　　　D. 风笛
16. "弗拉门戈"是西班牙南方的综合艺术，是由（　　）组合而成的。
    A. 舞蹈　　　　B. 美术　　　　　C. 歌唱　　　　D. 器乐

三、听辨题

听辨题请扫码聆听

1. 聆听音响，判断该作品的名称是（　　）。
   A. 《梁山伯与祝英台》　　　　　B. 《黄河》
   C. 《阿里郎》　　　　　　　　　D. 《桔梗谣》

2. 聆听音响,判断该作品的名称是(　　)。
   A. 《少女的祈祷》　　　　　　　B. 《拉网小调》
   C. 《梅花三弄》　　　　　　　　D. 《嘉陵江上》
3. 聆听音响,判断该作品的名称是(　　)。
   A. 《鹦鹉》　　B. 《乡恋》　　C. 《鼓舞》　　D. 《云雀》
4. 聆听音响,判断该作品的名称是(　　)。
   A. 《晚上的拉格》　　　　　　　B. 《阳关三叠》
   C. 《怀旧》　　　　　　　　　　D. 《春天的故事》
5. 聆听音响,判断该作品的名称是(　　)。
   A. 《菩提树》　　B. 《春》　　C. 《打溜子》　　D. 《苏丽珂》
6. 聆听音响,判断该作品的名称是(　　)。
   A. 《你呀你呀》　　　　　　　　B. 《多想对你说》
   C. 《菩提树》　　　　　　　　　D. 《赶牲灵》
7. 聆听音响,判断该作品的名称是(　　)。
   A. 《欢乐颂》　　B. 《自由探戈》　　C. 《鼓舞》　　D. 《云雀》
8. 聆听音响,判断该作品的名称是(　　)。
   A. 《云雀》　　　　　　　　　　B. 《绿袖子》
   C. 《孔雀东南飞》　　　　　　　D. 《什锦菜》
9. 聆听音响,判断该作品的名称是(　　)。
   A. 《黄河》　　　　　　　　　　B. 《水中倒影》
   C. 《火鸟》　　　　　　　　　　D. 《自由探戈》
10. 聆听音响,判断该作品的名称是(　　)。
    A. 《九九艳阳天》　　　　　　　B. 《旱天雷》
    C. 《田野静悄悄》　　　　　　　D. 《看秧歌》
11. 聆听音响,判断该作品的名称是(　　)。
    A. 《梆笛协奏曲》　　　　　　　B. 《牧童短笛》
    C. 《云雀》　　　　　　　　　　D. 《鸟儿在歌唱》
12. 聆听音响,判断该作品的名称是(　　)。
    A. 《上去高山望平川》　　　　　B. 《鸟儿在歌唱》
    C. 《脚夫调》　　　　　　　　　D. 《牧歌》
13. 聆听音响,判断该作品的名称是(　　)。
    A. 《桑塔·露琪亚》　　　　　　B. 《阿拉木汗》
    C. 《森吉德玛》　　　　　　　　D. 《青春舞曲》

14. 聆听音响，判断该作品的名称是（　　）。
    A. 《到琉森湖去》　　　　　　B. 《弦乐小夜曲》
    C. 《菩提树》　　　　　　　　D. 《强军战歌》
15. 聆听音响，判断该作品的名称是（　　）。
    A. 《酒歌》　　　　　　　　　B. 《斗牛士之歌》
    C. 《苏格兰战士》　　　　　　D. 《两个犹太人》
16. 聆听音响，判断该作品的名称是（　　）。
    A. 《弗拉门戈》　　　　　　　B. 《拉科奇进行曲》
    C. 《蓝色狂想曲》　　　　　　D. 《流水》

答案请扫码查看

第六单元　中外流行音乐

教学目标

百余年来，中外流行音乐以其不断发展、创新的方式融于现实生活之中，并深受人们喜爱。从整体上说，流行音乐时尚、新奇，具有大众化、娱乐性以及快速更替等特点。《音乐鉴赏》模块第六单元"中外流行音乐"，从不同时期、不同风格的流行音乐作品入手，介绍其时代风貌和音乐特色。

（1）能够用自己的语言讲述中国流行音乐发展的简要历程，并能说出每个发展时期最具代表性的流行音乐作品。

（2）尝试演唱 2～3 首教材上的中国流行歌曲，如《春天里》《黄土高坡》《外婆的澎湖湾》等，体验歌曲的情感和韵味。

（3）聆听感受中国流行歌曲的风格特色，能指出中国流行音乐创作中所融入地域或民族风格的音乐元素。

了解欧美流行音乐中爵士乐、摇滚乐等主要类型及其音乐艺术特点，感受其具有代表性的经典音乐作品；认识路易斯·阿姆斯特朗、鲍勃·迪伦、迈克尔·杰克逊等著名的欧美流行音乐家，感受其具有代表性的经典音乐作品，了解其生平及音乐成就；熟悉并能随乐哼唱出《绿袖子》《答案在风中飘扬》《多么美好的世界》等经典歌曲的主题旋律。

课程内容

一、中国流行音乐

《春天里》是电影《十字街头》的插曲，是由关露作词、贺绿汀作曲的一首作品，创作于1937年。歌曲轻快跳荡，情调活泼，其节奏类似于快板书，唱起来朗朗上口。

《九九艳阳天》是电影《柳堡的故事》插曲，由胡石言和黄宗江作词、高如星作曲的作品。创作时间为1957年。歌词朴实、简练，趋于口语化；旋律优美，富有民间小调风味。

《乡恋》是电视剧《三峡传说》的插曲，是一部由马靖华作词、张丕基作曲的作品。它的出现在中国流行音乐发展史上具有里程碑式的意义。《乡恋》由歌唱家李谷一首唱，她在歌唱中首次采用了轻声、气声等唱法。

《外婆的澎湖湾》是由叶佳修作词作曲的一首流行音乐，是较早从中国台湾传入大陆的校园歌曲之一。音乐清新活泼，富有青春活力和浪漫气息。

《黄土高坡》是陈哲作词、苏越作曲的一首流行歌曲。这首歌曲具有"西北风"的独特音乐风格。其旋律宽广，曲调高亢嘹亮，演唱风格激越豪放。

《给你一点颜色》是由谭维维、陈忠实、路树军作词，刘洲作曲的一首将华阴老腔与摇滚乐风格相结合的歌曲。其旋律高亢粗犷，震撼人心。副歌部分用一连串的反问表达了对当前生态环境的忧虑，强烈呼吁人们要保护好自己的家园，真正认识到"绿水青山就是金山银山"。

《琵琶语》是林海作曲的一首流行音乐。这首乐曲将琵琶与钢琴等西洋乐器以及箫等中国传统乐器有机融合，加上天籁般女声的吟唱，营造出一种独特的音乐韵味。

二、外国流行音乐

《绿袖子》是一首英国民歌，旋律典雅，由两部分组成，第一部分表现对绿袖姑娘的思念，第二部分则像是充满激情的呐喊。

《答案在风中飘扬》是一首由美国的鲍勃·迪伦担任词曲创作的流行音乐。2016年，鲍勃·迪伦获得了诺贝尔文学奖，诺贝尔文学奖委员会的颁奖理由为：表彰他用美国传统歌曲创造了新的诗意表达方式。

《多么美好的世界》是一首由美国的鲍勃·希尔和乔治·大卫·韦斯负责词曲创作的欧美经典爵士歌曲，曾被许多歌手翻唱，被誉为"二十世纪流行音乐的圣歌"。

测评案例（六）

一、单项选择题

1. 《春天里》的曲作者是（　　）。
   A. 刘炽　　　　B. 黄自　　　　C. 贺绿汀　　　　D. 陆祖龙
2. 《春天里》的词作者是（　　）。
   A. 黎锦晖　　　B. 王世光　　　C. 关露　　　　　D. 光未然
3. 《春天里》选自电影（　　）。
   A. 《城南旧事》　B. 《驴得水》　C. 《十字街头》　D. 《话说长江》
4. 《九九艳阳天》的曲作者是（　　）。
   A. 赵季平　　　B. 薛瑞光　　　C. 高如星　　　　D. 谷建芬
5. 《九九艳阳天》的词作者是（　　）。
   A. 胡石言　　　B. 王祖皆　　　C. 金湘　　　　　D. 阎肃
6. 《九九艳阳天》出自电影（　　）。
   A. 《洪湖赤卫队》B. 《九香》　　C. 《水浒传》　　D. 《柳堡的故事》
7. 《乡恋》的曲作者是（　　）。
   A. 印青　　　　B. 秦永诚　　　C. 张丕基　　　　D. 吕其明
8. 《乡恋》的词作者是（　　）。
   A. 光未然　　　B. 关露　　　　C. 黄宗江　　　　D. 马靖华
9. 《乡恋》出自电影（　　）。
   A. 《外婆的澎湖湾》　　　　　　B. 《三峡传说》
   C. 《三峡情》　　　　　　　　　D. 《柳堡的故事》
10. 《外婆的澎湖湾》的词作者是（　　）。
    A. 谷建芬　　　B. 叶佳修　　　C. 徐纪星　　　　D. 陆洪飞
11. 《外婆的澎湖湾》中澎湖湾位于我国的（　　）。
    A. 广东　　　　B. 浙江　　　　C. 台湾　　　　　D. 上海
12. 《黄土高坡》的词作者是（　　）。
    A. 陈哲　　　　B. 路树军　　　C. 谭维维　　　　D. 张宁
13. 《黄土高坡》的曲作者是（　　）。
    A. 张卓娅　　　B. 羊鸣　　　　C. 苏越　　　　　D. 金砂
14. 《黄土高坡》具有（　　）地区的音乐风格。
    A. 华中　　　　B. 西北　　　　C. 华南　　　　　D. 西南

15. 《给你一点颜色》的曲作者是（ ）。
    A. 刘炽　　　　B. 欧阳谦叔　　C. 刘洲　　　　D. 马可
16. 《给你一点颜色》的词作者是（ ）。
    A. 谭维维　　　B. 陈哲　　　　C. 叶佳修　　　D. 马婧华
17. 《给你一点颜色》是由（ ）这一音乐元素与摇滚融合而成的。
    A. 华阴老腔　　B. 河北梆子　　C. 皮黄腔　　　D. 昆腔
18. 《琵琶语》的曲作者是（ ）。
    A. 张敬安　　　B. 欧阳谦叔　　C. 王祖皆　　　D. 林海
19. 《琵琶语》是将琵琶与（ ）乐器相融合的。
    A. 小提琴　　　B. 钢琴　　　　C. 竖琴　　　　D. 中提琴
20. 《绿袖子》是哪个国家的民歌？（ ）
    A. 美国　　　　B. 英国　　　　C. 法国　　　　D. 德国
21. 《绿袖子》一共由几部分组成？（ ）
    A. 1　　　　　B. 2　　　　　C. 3　　　　　D. 5
22. 《答案在风中飘扬》的词作者是（ ）。
    A. 鲍勃·迪伦　B. 杰斯·哈里斯　C. 鲍伯·希尔　D. 舒曼
23. 《答案在风中飘扬》属于下列哪种音乐风格？（ ）
    A. 摇滚　　　　B. 电音　　　　C. 古风　　　　D. 古典
24. 《答案在风中飘扬》曾是下列哪部影片的插曲？（ ）
    A. 《钢琴家》　B. 《阿甘正传》　C. 《战马》　　D. 《哆来咪》
25. 《多么美好的世界》的词作者是（ ）。
    A. 鲍勃·迪伦　B. 鲍伯·希尔　　C. 舒曼　　　　D. 舒巴尔特
26. 《多么美好的世界》的曲作者是（ ）。
    A. 乔治·大卫·韦斯　　　　　　B. 杰斯·哈里斯
    C. 路易斯阿姆斯特朗　　　　　D. 舒曼
27. 《多么美好的世界》是哪个国家的音乐？（ ）
    A. 德国　　　　B. 法国　　　　C. 美国　　　　D. 印度

二、多项选择题

1. 《春天里》是哪部电影的插曲？（ ）由谁负责填词？（ ）
    A. 《十字街头》　B. 关露　　　　C. 《城南旧事》　D. 田汉
2. 《九九艳阳天》的词作者与曲作者分别是谁？（ ）
    A. 叶佳修　　　B. 胡石言　　　C. 黄宗江　　　D. 高如星

3. 《乡恋》出自哪部电影？（　　）曲作者是谁？（　　）

　　A. 《伤逝》　　　B. 《三峡传说》　　C. 张丕基　　　D. 马靖华

4. 《外婆的澎湖湾》是我国（　　）地区的歌曲。曲作者是谁？（　　）

　　A. 广东　　　　　B. 台湾　　　　　　C. 叶佳修　　　D. 路树军

5. 《黄土高坡》的曲作者和词作者分别是谁？（　　）

　　A. 陈哲　　　　　B. 苏越　　　　　　C. 刘渊　　　　D. 张宁

6. 《给你一点颜色》的词作者和曲作者分别是谁？（　　）

　　A. 谭维维　　　　B. 陈忠实　　　　　C. 路树军　　　D. 刘洲

7. 《琵琶语》将哪几种乐器融合在一起？（　　）

　　A. 琵琶　　　　　B. 钢琴　　　　　　C. 大号　　　　D. 箫

8. 《绿袖子》是哪个国家的歌曲？（　　）由谁译配？（　　）

　　A. 美国　　　　　B. 英国　　　　　　C. 张宁　　　　D. 王迪

9. 《答案在风中飘扬》是哪部电影的插曲？（　　）其曲作者是谁？（　　）

　　A. 《阿甘正传》　B. 《钢琴家》　　　C. 鲍勃·迪伦　D. 杰斯·哈里斯

10. 《多么美好的世界》的曲作者与词作者分别是谁？（　　）

　　A. 鲍伯·希尔　　B. 鲍勃·迪伦　　　C. 乔治·大卫·韦斯　　D. 皮亚佐拉

三、听辨题

听辨题请扫码聆听

1. 聆听音响，判断该作品的名称是（　　）。

　　A. 《不知为何》　B. 《春天里》　　　C. 《乡恋》　　D. 《小放驴》

2. 聆听音响，判断该作品的名称是（　　）。

　　A. 《琵琶语》　　　　　　　　　　　B. 《宗巴朗松》

　　C. 《太阳出来喜洋洋》　　　　　　　D. 《九九艳阳天》

3. 聆听音响，判断该作品的名称是（　　）。

　　A. 《乡恋》　　　B. 《鼓舞》　　　　C. 《流水》　　D. 《酒狂》

4. 聆听音响，判断该作品的名称是（　　）。

　　A. 《外婆的澎湖湾》　　　　　　　　B. 《走西口》

　　C. 《鹦鹉》　　　　　　　　　　　　D. 《绿袖子》

5. 聆听音响,判断该作品的名称是（　　）。
   A.《走绛州》　　B.《走西口》　　C.《黄土高坡》　　D.《辽阔的草原》
6. 聆听音响,判断该作品的名称是（　　）。
   A.《给你一点颜色》　　　　　　B.《黄土高坡》
   C.《旱天雷》　　　　　　　　　D.《欢乐颂》
7. 聆听音响,判断该作品的名称是（　　）。
   A.《琵琶语》　　B.《一抹夕阳》　　C.《芬兰颂》　　D.《爱之梦》
8. 聆听音响,判断该作品的名称是（　　）。
   A.《采茶灯》　　B.《看秧歌》　　C.《鹦鹉》　　D.《绿柚子》
9. 聆听音响,判断该作品的名称是（　　）。
   A.《答案在风中飘扬》　　　　　B.《拉网小调》
   C.《你呀你呀》　　　　　　　　D.《琵琶语》
10. 聆听音响,判断该作品的名称是（　　）。
    A.《多想对你说》　　　　　　　B.《问》
    C.《保卫黄河》　　　　　　　　D.《多么美丽的世界》

答案请扫码查看

第七单元 音乐与姊妹艺术

教学目标

音乐是一门最善于与姊妹艺术相融合的艺术。音乐与姊妹艺术之间有的密不可分、融为一体,有的相互交融、相得益彰。让我们一起来欣赏和诗词、舞蹈、戏剧、视觉艺术以及影视艺术相关联的音乐,感受音乐与姊妹艺术的魅力。

本单元旨在引导学生欣赏与诗词、舞蹈、戏剧、视觉艺术以及影视艺术相关联的音乐,让学生感知这些音乐作品的情感内涵,了解音乐与姊妹艺术之间的联系,认识音乐在姊妹艺术中的不同作用。

(1)音乐与诗词。聆听《大江东去》《孔雀东南飞》《欢乐颂》三首作品,感受音乐与诗词结合所产生的震撼力、感染力,体验音乐与诗词结合的意境美;根据诗词表达的文学形象以及音乐表达的艺术形象,了解如何通过音乐的要素(节奏、旋律、力度、速度等)来准确表现诗词的文学形象并使之更加丰满,使得情感更加得到升华;熟悉作品的主题,体会作曲家在作品中蕴含的丰富情感和人文情怀;初步培养学生在聆听音乐与吟诵诗词时展开丰富想象的习惯,能为诗词配上合适的背景音乐,并进行配乐诗朗诵。

(2)音乐与舞蹈。欣赏中国舞剧,从舞蹈语汇中感受其中的美,能哼唱舞剧音乐主题并享受舞剧音乐的乐趣,增进对我国舞剧音乐的热爱;了解舞剧的相关知识,培养对舞剧艺术的热爱;了解中国舞剧的发展史,激发学生的民族自豪感;在欣赏过程中能积极思考,探讨音乐在舞剧中的重要作用;能积极参与课堂实践活动,增强小组合作意识。

(3)音乐与戏剧。聆听欣赏《斗牛士之歌》和《一抹夕阳》,熟悉《卡门》和《伤逝》两部歌剧的剧情;感知歌剧是怎样通过音乐来刻画人物性格、烘托舞台气氛、推动剧情发展的,理解歌剧艺术的综合性,以及音乐在歌剧、音乐剧中所起的作用;了解歌剧中常见的演唱形式,初步领略音乐与戏剧相结合的艺术魅力。

(4)音乐与视觉艺术。聆听欣赏《人民英雄纪念碑》《观花山壁画有感》《两个犹太人》三首音乐作品,了解其创作背景,展开联想与想象,感受音乐所表现的艺术形象和情绪情感；了解听觉艺术与视觉艺术的共性与不同，通过艺术元素运用上的互通性，以及不同感觉综合反应获得的通感，对作品进行感知、分析、讨论，进一步探索与感受听觉艺术与视觉艺术带来的细腻、微妙的情绪情感体验；在听觉艺术与视觉艺术的交融下，往外打开视野，往内丰富内心，获得感性素质与感性能力的提升。

（5）音乐与影视艺术。能认真聆听欣赏《柱凝眉》《妹妹你大胆的往前走》和《辛德勒的名单主题曲》等电影、电视剧中的经典音乐作品，能积极参与关于"音乐与影视艺术"相关话题的探讨，关注影视作品中的经典音乐；了解影视音乐的类别、形式与作用，能简述音画"同步"及音画"对位"的表现手法和含义；能根据特有的影视画面，尝试选择恰当的音乐为画面配乐。

课程内容

一、音乐与诗词

《大江东去》是宋朝苏轼作词、后由青主谱曲的一首艺术歌曲，形象地表达了苏轼的原词《念奴娇·赤壁怀古》中豪放的气势和怀古幽情，具有淳朴、浓郁的抒情气息以及舒展、潇洒的浪漫格调。

青主是中国著名的作曲家，原名廖尚果，代表作有《大江东去》《我住长江头》。

《孔雀东南飞》是由何占豪作曲的作品，原题为《古诗为焦仲卿妻作》，是我国汉代乐府诗的代表作。这首五言长诗叙述了汉末的家庭悲剧。作曲家根据这首诗的内容，采用古筝协奏曲的形式，在音乐结构上通过一波三折的多段组合，概括地再现了原诗的主要情节和意境。本课节选于该协奏曲的第四、五段，音乐情绪激昂，矛盾冲突剧烈，使人联想到原诗中逼婚、反抗、殉情等情节。

《欢乐颂》选自贝多芬的交响曲《第九（合唱）交响曲》的第四乐章中的一个片段。在这部交响曲的第四乐章中，贝多芬第一次将人声合唱引入交响乐。合唱的词选用的是德国著名诗人席勒的诗词。

二、音乐与舞蹈

《反弹琵琶》选自舞剧《丝路花雨》，由韩中才、呼延、焦凯担任作曲。该曲选自《丝路花雨》的第二场，为剧中主人公英娘的舞蹈音乐。

《白毛女》是舞剧《白毛女》的选段，芭蕾舞剧《白毛女》是上海舞蹈学校根据贺敬之、马可等原著同名歌剧集体创作改编而成的，由胡蓉蓉负责编导，严金萱等担任作曲，被评为"中华民族二十世纪经典舞蹈作品"。其中《北风吹》是《白毛女》的主题音乐，著名的选段还有《盼东方出红日》《太阳出来了》。

三、音乐与戏剧

《斗牛士之歌》是由法国的梅利亚克、阿列维编剧，法国著名作曲家比才作曲的一部歌剧《卡门》中的选曲。《斗牛士之歌》是第二幕第二场斗牛士埃斯卡米里奥上场时，为答谢欢迎和崇拜他的群众而演唱的一首展示男中音浑厚力量的著名唱段。

《一抹夕阳》是歌剧《伤逝》中的选曲。由王泉、韩伟作词，施光南作曲。《伤逝》是根据鲁迅的同名小说改编的歌剧。《一抹夕阳》是歌剧中子君唱的第一首咏叹调。

施光南的代表作有《祝酒歌》《在希望的田野上》等。

四、音乐与视觉艺术

《人民英雄纪念碑》是瞿维作曲的一首交响诗。通过奏鸣曲式的结构，表现了人们站在人民英雄纪念碑前缅怀革命先烈时所产生的浮想联翩的思绪，歌颂了一百多年以来无数先烈在反抗压迫、抵御外辱的斗争中前赴后继、英勇无畏的牺牲精神。

《观花山壁画有感》是徐纪星作曲的作品。在广西南部的花山峭壁上，分布许多古代遗存下来的壁画，是古代壮族人民社会生活的反映，作曲家受此启发，作成此曲。乐曲以高胡、钢琴、打击乐器的组合形式，部分吸取了广西侗族"琵琶歌"和壮剧音调，以及广西民间的铜鼓乐节奏，试图再现作曲家想象中的古代社会的生活画面。

《两个犹太人》是钢琴套曲《图画展览会》的选曲，是俄国作曲家穆索尔斯基作曲的作品，由法国作曲家拉威尔重新配器。音乐描写了两个犹太人鲜明的形象：肥胖的富人和瘦弱的穷人。

穆索尔斯基是浪漫主义时期民族乐派中俄罗斯民族乐派的代表人物，是俄罗斯强力集团成员之一。

五、音乐与影视艺术

《枉凝眉》是电视连续剧《红楼梦》的插曲，由王立平作曲，采用的是《红楼梦》作者曹雪芹的词。这首插曲出现在电视连续剧《红楼梦》的第十集。《枉凝眉》的寓意，超越现实场景，将主人公最后的悲剧隐伏在音乐之中。

《妹妹你大胆的往前走》是电影《红高粱》的插曲，莫言作词，赵季平作曲。

《辛德勒的名单主题曲》由美国作曲家约翰·威廉姆斯作曲，是电影《辛德勒的名单》的主题曲。

测评案例（七）

一、单项选择题

1. 《大江东去》词作者是（　　）。
   A. 苏轼　　　　B. 李白　　　　C. 杜甫　　　　D. 李清照
2. 《大江东去》的曲作者是（　　）。
   A. 舒曼　　　　B. 黄自　　　　C. 青主　　　　D. 金湘
3. 《大江东去》歌词选自哪一首古诗？（　　）
   A. 《念奴娇·赤壁怀古》　　　　B. 《送元二使安西》
   C. 《望庐山瀑布》　　　　　　　D. 《雁门太守行》
4. 《孔庙东南飞》的曲作者是（　　）。
   A. 陈钢　　　　B. 何占豪　　　C. 韩中之　　　D. 黄自
5. 《孔庙东南飞》的原题为（　　）。
   A. 《古诗为焦仲卿妻作》　　　　B. 《将进酒·君不见》
   C. 《春江花月夜》　　　　　　　D. 《子夜吴歌·秋歌》
6. 《孔庙东南飞》是一首五言长诗，是我国哪一时期的诗篇？（　　）
   A. 唐代　　　　B. 汉代　　　　C. 宋代　　　　D. 春秋战国
7. 《欢乐颂》选自哪部作品？（　　）
   A. 《第九（合唱）交响曲》　　　B. 《第五（命运）交响曲》
   C. 《第九（自新世界）交响曲》　D. 《1812庄严序曲》
8. 《欢乐颂》的词作者是（　　）。
   A. 缪勒　　　　B. 席勒　　　　C. 舒伯特　　　D. 舒巴尔特
9. 《欢乐颂》的曲作者是（　　）。
   A. 莫扎特　　　B. 贝多芬　　　C. 舒伯特　　　D. 肖邦
10. 《反弹琵琶》选自哪部作品？（　　）
    A. 《琵琶行》　B. 《丝路花雨》　C. 《阳春白雪》　D. 《塞上曲》
11. 《反弹琵琶》的曲作者是（　　）。
    A. 韩中之　　　B. 华秋苹　　　C. 韦瀚章　　　D. 李弘一
12. 《反弹琵琶》选自《丝路花雨》，其体裁是（　　）。
    A. 舞剧　　　　B. 乐剧　　　　C. 歌剧　　　　D. 戏曲
13. 《北风吹》选自（　　）。
    A. 《白毛女》　B. 《伤逝》　　　C. 《江姐》　　　D. 《沂蒙山》

14. 《北风吹》的拍号属于什么类型？（ ）
    A. 复拍子　　　　B. 变拍子　　　　C. 散拍子　　　　D. 单拍子
15. 《北风吹》出现在舞剧《白毛女》中的第几场？（ ）
    A. 1　　　　　　B. 2　　　　　　C. 3　　　　　　D. 4
16. 《盼东方出红日》选自（ ）。
    A. 《白毛女》　　B. 《伤逝》　　　C. 《沂蒙山》　　D. 《江姐》
17. 《盼东方出红日》出现在舞剧《白毛女》中的第几场？（ ）
    A. 1　　　　　　B. 4　　　　　　C. 6　　　　　　D. 7
18. 《太阳出来了》选自（ ）。
    A. 《白毛女》　　B. 《伤逝》　　　C. 《沂蒙山》　　D. 《江姐》
19. 《太阳出来了》出现在舞剧《白毛女》中的第几场？（ ）
    A. 4　　　　　　B. 5　　　　　　C. 6　　　　　　D. 7
20. 《斗牛士之歌》选自哪部歌剧？（ ）
    A. 《茶花女》　　B. 《卡门》　　　C. 《蝴蝶夫人》　D. 《魔笛》
21. 《斗牛士之歌》的曲作家是（ ）。
    A. 威尔第　　　　B. 比才　　　　　C. 莫扎特　　　　D. 贝多芬
22. 《斗牛士之歌》出自歌剧第几幕？（ ）
    A. 1　　　　　　B. 2　　　　　　C. 3　　　　　　D. 4
23. 《一抹夕阳》选自哪部歌剧？（ ）
    A. 《伤逝》　　　B. 《江姐》　　　C. 《洪湖赤卫队》D. 《小二黑结婚》
24. 《一抹夕阳》的曲作者是（ ）。
    A. 施光南　　　　B. 萧友梅　　　　C. 吕其明　　　　D. 三宝
25. 《一抹夕阳》的词作者是（ ）。
    A. 王泉　　　　　B. 光未然　　　　C. 谷建芬　　　　D. 刘敦南
26. 《人民英雄纪念碑》的曲作者是（ ）。
    A. 姜春阳　　　　B. 刘天华　　　　C. 刘文金　　　　D. 瞿维
27. 《人民英雄纪念碑》属于下列哪一体裁？（ ）
    A. 声乐作品　　　B. 交响曲　　　　C. 协奏曲　　　　D. 戏曲
28. 《人名英雄纪念碑》的曲式结构是（ ）。
    A. 奏鸣曲式　　　B. 二段体　　　　C. 回旋奏鸣曲式　D. 三段式
29. 《观花山壁画有感》的曲作者是（ ）。
    A. 施光南　　　　B. 印青　　　　　C. 赵季平　　　　D. 徐纪星
30. 《观花山壁画有感》属于下列哪一体裁？（ ）
    A. 乐曲　　　　　B. 交响曲　　　　C. 声乐曲　　　　D. 协奏曲

31. 《观花山壁画有感》中花山壁位于哪里？（　　）
    A. 浙江　　　　B. 福建　　　　C. 广西　　　　D. 湖南
32. 《两个犹太人》选自（　　）。
    A. 《卡门》　　　　　　　　B. 《图画展览会》
    C. 《跳蚤之歌》　　　　　　D. 《蝴蝶夫人》
33. 《两个犹太人》的曲作家是（　　）。
    A. 穆索尔斯基　B. 居伊　　　　C. 鲍罗丁　　　D. 里姆斯基科萨科夫
34. 《两个犹太人》选自《图画展览会》中的第几首？（　　）
    A. 4　　　　　B. 6　　　　　C. 1　　　　　D. 7
35. 《枉凝眉》是哪部电视剧的插曲？（　　）
    A. 《红楼梦》　B. 《三国演义》C. 《水浒传》　D. 《西游记》
36. 《枉凝眉》的曲作者是（　　）。
    A. 赵季平　　　B. 刘敦南　　　C. 冯子存　　　D. 王立平
37. 《枉凝眉》的词作者是（　　）。
    A. 陈晓光　　　B. 曹雪芹　　　C. 光未然　　　D. 田汉
38. 《妹妹你大胆的往前走》的曲作者是（　　）。
    A. 赵季平　　　B. 刘敦南　　　C. 冯子存　　　D. 莫言
39. 《妹妹你大胆的往前走》的词作者是（　　）。
    A. 莫言　　　　B. 乔古　　　　C. 李焕之　　　D. 田汉
40. 《妹妹你大胆的往前走》选自哪部电影？（　　）
    A. 《玉鸟兵站》　　　　　　B. 《红高粱》
    C. 《女驸马》　　　　　　　D. 《让子弹飞》
41. 《辛德勒的名单主题曲》的曲作者是（　　）。
    A. 约翰·威廉姆斯　　　　　B. 凯奇
    C. 斯蒂芬·福斯特　　　　　D. 格什温
42. 《辛德勒的名单主题曲》的曲作者的国籍是（　　）。
    A. 美国　　　　B. 德国　　　　C. 日本　　　　D. 英国

二、多项选择题

1. 《大江东去》的曲作者是谁？（　　）歌词选自哪首古诗？（　　）
    A. 《念奴娇·赤壁怀古》　　B. 《送元二使安西》
    C. 廖尚果　　　　　　　　　D. 青主

2. 《孔雀东南飞》选自（　　），曲作者是（　　）。
   A. 何占豪　　　　　　　　　　B. 陈钢
   C. 《古筝协奏曲》　　　　　　D. 《梆笛协奏曲》
3. 《欢乐颂》选自哪部交响曲？（　　）曲作者是谁？（　　）
   A. 《c小调第五（命运）交响曲》　　B. 《b小调第九（命运）交响曲》
   C. 贝多芬　　　　　　　　　　D. 莫扎特
4. 《反弹琵琶》的曲作者是谁？（　　）
   A. 韩中才　　　B. 金湘　　　C. 呼延　　　D. 焦凯
5. 《北风吹》选自哪部歌剧？（　　）是该部歌剧的第几场？（　　）
   A. 《江姐》　　B. 《白毛女》　C. 第一场　　D. 第四场
6. 《盼东方出红日》选自哪部歌剧？（　　）是该部歌剧的第几场？（　　）
   A. 《江姐》　　B. 《白毛女》　C. 第一场　　D. 第四场
7. 《太阳出来了》选自哪部歌剧？（　　）是该部歌剧的第几场？（　　）
   A. 《江姐》　　B. 《白毛女》　C. 第七场　　D. 第二场
8. 《斗牛士之歌》选自哪部歌剧？（　　）曲作者是谁？（　　）
   A. 《卡门》　　B. 《图兰朵》　C. 比才　　　D. 柏辽兹
9. 《一抹夕阳》的词作者和曲作者分别是谁？（　　）
   A. 韩伟　　　　B. 王泉　　　C. 施光南　　D. 贺绿汀
10. 《人民英雄纪念碑》的曲结构是什么？（　　）曲作者是谁？（　　）
    A. 奏鸣曲式　　B. 回旋曲式　　C. 瞿维　　　D. 徐纪星
11. 《观花山壁画有感》出自哪个地区？（　　）曲作者是谁？（　　）
    A. 云南　　　　B. 广西　　　C. 徐纪星　　D. 瞿维
12. 《两个犹太人》选自哪个组曲？曲作者是谁？（　　）
    A. 《图画展览会》　　　　　　B. 穆索尔斯基
    C. 《幻想交响曲》　　　　　　D. 柏辽兹
13. 《枉凝眉》的曲作者和词作者分别是谁？（　　）
    A. 瞿维　　　　B. 曹雪芹　　C. 王立平　　D. 赵季平
14. 《妹妹你大胆的往前走》的曲作者和词作者分别是谁？（　　）
    A. 莫言　　　　B. 赵季平　　C. 三宝　　　D. 印青
15. 《辛德勒的名单主题曲》选自（　　），曲作者是（　　）。
    A. 《辛德勒的名单》　　　　　B. 《波斯语课》
    C. 约翰·威廉姆斯　　　　　　D. 路易斯阿姆斯特朗

三、听辨题

听辨题请扫码聆听

1. 聆听音响，判断该作品的名称是（　　）。
   A. 《嘉陵江上》　　　　　　　　B. 《大江东去》
   C. 《黄河怨》　　　　　　　　　D. 《保卫黄河》

2. 聆听音响，判断该作品的名称是（　　）。
   A. 《小白菜》　　　　　　　　　B. 《编花篮》
   C. 《沂蒙山小调》　　　　　　　D. 《孔雀东南飞》

3. 聆听音响，判断该作品的名称是（　　）。
   A. 《幻想交响曲》　　　　　　　B. 《邀舞》
   C. 《欢乐颂》　　　　　　　　　D. 《两个犹太人》

4. 聆听音响，判断该作品的名称是（　　）。
   A. 《十面埋伏》　　　　　　　　B. 《夕阳箫鼓》
   C. 《反弹琵琶》　　　　　　　　D. 《思乡曲》

5. 聆听音响，判断该作品的名称是（　　）。
   A. 《北风吹》　　　　　　　　　B. 《小白菜》
   C. 《编花篮》　　　　　　　　　D. 《龙船调》

6. 聆听音响，判断该作品的名称是（　　）。
   A. 《无锡景》　　　　　　　　　B. 《农民大生产》
   C. 《紫竹调》　　　　　　　　　D. 《盼东方出红日》

7. 聆听音响，判断该作品的名称是（　　）。
   A. 《太阳出来了》　　　　　　　B. 《嘎达梅林》
   C. 《牧歌》　　　　　　　　　　D. 《乡恋》

8. 聆听音响，判断该作品的名称是（　　）。
   A. 《1812序曲》　　　　　　　　B. 《弦乐小夜曲》
   C. 《斗牛士之歌》　　　　　　　D. 《邀舞》

9. 聆听音响，判断该作品的名称是（　　）。
   A. 《一抹夕阳》　　　　　　　　B. 《多想对你说》
   C. 《强军战歌》　　　　　　　　D. 《那就是我》

10. 聆听音响，判断该作品的名称是（　　）。
    A. 《义勇军进行曲》　　　　　　　　B. 《人民英雄纪念碑》
    C. 《乡愁》　　　　　　　　　　　　D. 《大江东去》
11. 聆听音响，判断该作品的名称是（　　）。
    A. 《观花山壁画有感》　　　　　　　B. 《乡愁》
    C. 《大江东去》　　　　　　　　　　D. 《嘉陵江上》
12. 聆听音响，判断该作品的名称是（　　）。
    A. 《c小调革命练习曲》　　　　　　 B. 《邀舞》
    C. 《两个犹太人》　　　　　　　　　D. 《牛车》
13. 聆听音响，判断该作品的名称是（　　）。
    A. 《旱天雷》　　　　　　　　　　　B. 《枉凝眉》
    C. 《谁料皇榜中状元》　　　　　　　D. 《绿袖子》
14. 聆听音响，判断该作品的名称是（　　）。
    A. 《妹妹你大胆的往前走》　　　　　B. 《走西口》
    C. 《走绛州》　　　　　　　　　　　D. 《问》
15. 聆听音响，判断该作品的名称是（　　）。
    A. 《你呀你呀》　　　　　　　　　　B. 《不知为何》
    C. 《辛德勒的名单主题曲》　　　　　D. 《自由探戈》

答案请扫码查看

上篇综合测评题

综合测评（一）

一、单项选择题

1. 《春天的故事》是以（　　）为中国改革开放画下一幅新的蓝图为背景而创作的，歌曲婉扬、宛转，情感深邃，令人回味无穷。
   A. 邓小平　　　B. 孔繁森　　　C. 周恩来　　　D. 毛泽东

2. 《过山》里诙谐、生动的快板贯穿整个乐章，呈现出一种灵动、诙谐的乐曲风格，该曲作者为（　　）。
   A. 何占豪　　　B. 黄自　　　　C. 马思聪　　　D. 贺绿汀

3. 下列属于云南民歌的是（　　）。
   A.《赶牲灵》　B.《无锡景》　C.《牡丹汗》　D.《小河淌水》

4. 《酒歌》属于（　　）。
   A. 云南民歌　　　　　　　　B. 新疆维吾尔族民歌
   C. 苗族飞歌　　　　　　　　D. 藏族民歌

5. 民族器乐曲《小放驴》使用的乐器为（　　）。
   A. 唢呐　　　　B. 管子　　　　C. 笙　　　　　D. 二胡

6. 《黄河》属于（　　）。
   A. 艺术歌曲　　B. 协奏曲　　　C. 交响曲　　　D. 变奏曲

7. 《辛德勒的名单主题曲》的演唱形式是（　　）。
   A. 女生独唱　　B. 混声合唱　　C. 童声合唱　　D. 对唱

8. 《第五（命运）交响曲》的曲作者是（　　）。
   A. 莫扎特　　　B. 海顿　　　　C. 勃拉姆斯　　D. 贝多芬

9. （　　）流传于罗马尼亚，这是一首由排箫演奏的民间乐曲，通过滑音和颤音技法的巧妙运用，描绘了春天里云雀在天空飞翔。
   A. 飞驰的鹰　　B. 云雀　　　　C. 云雀　　　　D. 鸟儿在歌唱

10. 这首乐曲情调古朴淡雅，采用了两套编钟、编磬进行演奏，该古曲为（　　）。
    A.《竹枝词》　B.《流水》　　C.《阳关三叠》　D.《哀郢》

11. 作品《乡恋》的词作者是（　　）。
    A. 马靖华　　　B. 杨度　　　　C. 萧友梅　　　D. 张丕基

12. 歌曲《多想对你说》是歌颂（　　）的一首歌曲。

　　A. 爱人　　　　B. 伟人　　　　C. 中华民族　　D. 友情

13. 《弦乐小夜曲》的曲式结构为（　　）。

　　A. 奏鸣曲式　　B. 二部曲式　　C. 回旋曲式　　D. 三部曲式

14. （　　）又名《匈牙利进行曲》，这首乐曲为三部曲式结构，引子由圆号、小号、短号吹奏出进行曲的号角性音调。

　　A. 《卡玛林斯卡亚幻想曲》　　　　B. 《勃兰登堡协奏曲》

　　C. 《马太受难曲》　　　　　　　　D. 《拉科奇进行曲》

15. 格林卡是一位具有大胆创作精神的作曲家，他被称为（　　）。

　　A. 俄罗斯五人强力集团之首　　　　B. 俄罗斯音乐之父

　　C. 藏在花丛中的大炮　　　　　　　D. 交响乐之父

二、多项选择题

16. 以下选项属于中国古曲的有（　　）。

　　A. 《阳关三叠》　B. 《梅花》　　C. 《十面埋伏》　D. 《黄河》

17. 中国近代作曲家有（　　）。

　　A. 肖邦　　　　　B. 贝多芬　　　C. 沈心工　　　　D. 黄自

18. 以下属于古典主义时期的作品有（　　）。

　　A. 《菩提树》　　　　　　　　　　B. 《弦乐小夜曲》

　　C. 《G弦上的咏叹调》　　　　　　D. 《第五（命运）交响曲》

19. 下列选项中舒伯特的作品有（　　）。

　　A. 《菩提树》　B. 《魔王》　　C. 《致音乐》　　D. 《鳟鱼》

20. 下列作曲家及国籍对应错误的是（　　）。

　　A. [英籍德国]亨德尔　　　　　　　B. [美籍德国]西贝柳斯

　　C. [捷克]格里格　　　　　　　　　D. [芬兰]德沃夏克

三、听辨题

听辨题请扫码聆听

21. 请聆听音响，然后判断这部作品的名称是（　　）。

　　A. 《怀旧》　　B. 《思乡曲》　C. 《长城随想曲》　D. 《光明行》

22. 请聆听音响，然后判断这部作品的名称是（   ）。
    A. 《第十交响曲——江雪》　　　　　　　　B. 《地图》
    C. 《保卫黄河》（钢琴协奏曲《黄河》第四乐章）　　D. 《怀旧》
23. 请聆听音响，然后判断这部作品的名称是（   ）。
    A. 《脚夫调》　　　　　　　　　　　　　　B. 《小河淌水》
    C. 《赶牲灵》　　　　　　　　　　　　　　D. 《牡丹汗》
24. 请聆听音响，然后判断这部作品的名称是（   ）。
    A. 《G弦乐上的咏叹调》　　　　　　　　　B. 《拉科奇进行曲》
    C. 《春》　　　　　　　　　　　　　　　　D. 《D大调小提琴协奏曲（第三乐章）》
25. 请聆听音响，然后判断这部作品的名称是（   ）。
    A. 舞剧《反弹琵琶》　　　　　　　　　　　B. 舞剧《盼望东方出红日》
    C. 歌剧《反弹琵琶》　　　　　　　　　　　D. 舞剧《白毛女》

答案请扫码查看

综合测评（二）

一、单项选择题

1. 《山在虚无缥缈间》选自（　　）。
   A. 《长恨歌》　　　　　　　　B. 《黄河大合唱》
   C. 《伤逝》　　　　　　　　　D. 《玉鸟兵站》

2. 《松花江上》的词作者是（　　）。
   A. 吴祖强　　　B. 施万春　　　C. 杜鸣心　　　D. 张寒晖

3. 《辽阔的草原》是我国（　　）民歌。
   A. 内蒙古自治区　B. 维吾尔族　　C. 藏族　　　　D. 甘肃省

4. 《歌唱美丽的家乡》属于下列哪个民族的歌曲？（　　）
   A. 苗族　　　　B. 彝族　　　　C. 侗族　　　　D. 傣族

5. 《中花六板》的体裁是（　　）。
   A. 广东音乐　　B. 江南丝竹　　C. 河北吹歌　　D. 潮州音乐

6. 《光明行》的演奏乐器是（　　）。
   A. 京胡　　　　B. 琵琶　　　　C. 二胡　　　　D. 唢呐

7. 《海岛冰轮初转腾》选自（　　）。
   A. 《贵妃醉酒》　　　　　　　B. 《红楼梦》
   C. 《女驸马》　　　　　　　　D. 《牡丹亭》

8. 下列哪首歌曲出自《白毛女》的第七场？（　　）
   A. 《北风吹》　　　　　　　　B. 《盼东方红日》
   C. 《太阳出来了》　　　　　　D. 《东方红》

9. 《什锦菜》是（　　）乡村音乐。
   A. 英国　　　　B. 俄罗斯　　　C. 布隆迪　　　D. 美国

10. 中国古代音乐《流水》的演奏乐器为（　　）。
    A. 箫　　　　　B. 笙　　　　　C. 埙　　　　　D. 古琴

11. 《黄水谣》选自（　　）。
    A. 《长恨歌》　　　　　　　　B. 《黄河大合唱》
    C. 《黄河船夫曲》　　　　　　D. 《四季》

12. 《春天的故事》歌颂的是我国哪位伟大人物？（　　）
    A. 毛泽东　　　B. 邓小平　　　C. 周恩来　　　D. 朱德

13. 莫扎特被称为（ ）。
    A. 音乐王子　　　　　　　　　　B. 藏在花丛中的大炮
    C. 艺术歌曲之王　　　　　　　　D. 钢琴协奏曲的奠基人
14. 下列选项中德彪西的作品有（ ）。
    A. 《蓝色狂想曲》　　　　　　　B. 《菩提树》
    C. 《水中倒影》　　　　　　　　D. 《火鸟》
15. 下列选项中属于民族乐派捷克作曲家的作品有（ ）。
    A. 《1812序曲》　　　　　　　　B. 《弦乐小夜曲》
    C. 《G线上的咏叹调》　　　　　D. 《e小调第九（自新世界）交响曲》

二、多项选择题

16. 下列属于戏曲音乐的有（ ）。
    A. 《原来姹紫嫣红开遍》　　　　B. 《海岛冰轮初转腾》
    C. 《天上掉下个林妹妹》　　　　D. 《谁料皇榜中状元》
17. 下列作品中的创作者不是黄自的有（ ）。
    A. 《怀旧》　　　　　　　　　　B. 《思乡曲》
    C. 《黄河大合唱》　　　　　　　D. 《开路先锋》
18. 莫扎特的称号有（ ）。
    A. 钢琴协奏曲的奠基人　　　　　B. 音乐神童
    C. 藏在花丛中的大炮　　　　　　D. 钢琴诗人
19. 下列作品中莫扎特的歌剧代表作有（ ）。
    A. 《唐璜》　　　　　　　　　　B. 《费加罗的婚礼》
    C. 《野玫瑰》　　　　　　　　　D. 《魔笛》
20. 下列属于德国作曲家的有（ ）。
    A. 巴赫　　　　B. 贝多芬　　　　C. 勃拉姆斯　　　　D. 莫扎特

三、听辨题

听辨题请扫码聆听

21. 请聆听音响，然后判断这部作品的体裁是（ ）。
    A. 变奏曲　　　　B. 圆舞曲　　　　C. 协奏曲　　　　D. 奏鸣曲

22. 请聆听音响，然后判断这部作品的名称是（　　）。
    A. 《过山》　　　B. 《竹枝词》　　　C. 《怀旧》　　　D. 《江雪》
23. 请聆听音响，然后判断这部作品的传唱地区是（　　）。
    A. 陕西　　　　　B. 云南　　　　　　C. 山东　　　　　D. 江苏
24. 请聆听音响，然后判断这部作品选自（　　）。
    A. 《冬之旅》　　　　　　　　　　　B. 《诗人之恋》
    C. 《山林的春天》　　　　　　　　　D. 《丝路花》
25. 请聆听音响，然后判断这部作品的曲作者是（　　）。
    A. 贝多芬　　　　　　　　　　　　　B. 肖邦
    C. 莫扎特　　　　　　　　　　　　　D. 海顿

答案请扫码查看

综合测评（三）

一、单项选择题

1. 聂耳创作的《开路先锋》属于（　　）。
   A. 工人歌曲　　B. 交响曲　　C. 协奏曲　　D. 交响诗

2. 歌曲《嘉陵江上》的歌词取自哪位词作者的散文诗？（　　）
   A. 孙师毅　　B. 光未然　　C. 端木蕻良　　D. 马思聪

3. 《茉莉花》是哪个地区的民歌？（　　）
   A. 江苏　　B. 广西　　C. 广东　　D. 浙江

4. 下列属于内蒙古呼伦贝尔市的"长调"歌曲是（　　）。
   A.《酒歌》
   B.《牡丹汗》
   C.《夏蝉之歌》
   D.《辽阔的草原》

5. 下列哪首作品是严老烈先生改编的？（　　）
   A.《达斯坦第一间奏曲》
   B.《中花六板》
   C.《小放驴》
   D.《旱天雷》

6. 《欢乐颂》选自贝多芬的（　　）。
   A.《第九（合唱）交响曲》
   B.《第五（命运）交响曲》
   C.《第三（英雄）交响曲》
   D.《第六（田园）交响曲》

7. 下列哪首作品是舞剧《红色娘子军》中的插曲？（　　）
   A.《松花江上》
   B.《快乐女战士》
   C.《过山》
   D.《少女的祈祷》

8. 舞蹈音乐《盼东方出红日》选自（　　）。
   A.《红色娘子军》
   B.《白毛女》
   C.《卡门》
   D.《伤逝》

9. 瑞士歌曲《到琉森湖去》采用的唱法是（　　）。
   A. 欧亚唱法　　B. 美声唱法　　C. 民族唱法　　D. 约德尔唱法

10. 《阳春白雪》是用下列哪种乐器演奏的？（　　）
    A. 古筝　　B. 古琴　　C. 箫　　D. 琵琶

11. 《黄河》的曲作者是（　　）。
    A. 聂耳　　B. 沈心工　　C. 萧友梅　　D. 赵元任

12. 选自电影《冰山上的来客》中的插曲是（　　）。
    A.《花儿为什么这样红》
    B.《那就是我》
    C.《春天的故事》
    D.《多想对你说》

13. 《春》选自下列哪部音乐作品？（ ）
    A. 《D大调组曲》   B. 《四季》
    C. 《第五（命运）交响曲》 D. 《冬之旅》

14. 《菩提树》选自下列哪部音乐作品？（ ）
    A. 《D大调组曲》   B. 《四季》
    C. 《第五（命运）交响曲》 D. 《冬之旅》

15. 被称为古典主义的最后高峰，同时也称为浪漫主义的先行者的是（ ）。
    A. 贝多芬   B. 莫扎特   C. 海顿   D. 勃拉姆斯

二、多项选择题

16. 《春天的故事》的词作者有（ ）。
    A. 叶旭全   B. 陈晓光   C. 蒋开儒   D. 王晓岭

17. 《谁料皇榜中状元》的词曲作者分别是（ ）。
    A. 陆洪非   B. 王文治   C. 方集富   D. 叶白林

18. 下列属于印象主义时期的作品有（ ）。
    A. 《牧神午后前奏曲》   B. 《水中倒影》
    C. 《蓝色狂想曲》   D. 《火鸟》

19. 下列对《夏蝉之歌》的描述正确的是（ ）。
    A. 《夏蝉之歌》属于侗族大歌   B. 《夏蝉之歌》又名《我比蝉儿更伤心》
    C. 《夏蝉之歌》属于苗族飞歌   D. 《夏蝉之歌》采用合唱演唱

20. 《给你一点颜色》的词作者为（ ）。
    A. 谭维维   B. 陈忠实   C. 路树军   D. 刘渊

三、听辨题

听辨题请扫码聆听

21. 请聆听音响，然后判断这部作品的名称是（ ）。
    A. 《阳关三叠》   B. 《阳春白雪》
    C. 《十面埋伏》   D. 《黄河》

22. 请聆听音响，然后判断该音乐的作者是（ ）。
    A. 贝多芬   B. 莫扎特   C. 柴可夫斯基   D. 维瓦尔

23. 请聆听音响,然后判该作品选自(　　)。
    A. 《D大调组曲》　　　　　　B. 《冬之旅》
    C. 《四季》　　　　　　　　　D. 《白毛女》

24. 请聆听音响,然后判断这部作品的名称是(　　)。
    A. 《拉科奇进行曲》　　　　　B. 《斗牛士之歌》
    C. 《威廉退尔序曲》　　　　　D. 《波兰舞曲》

25. 请聆听音响,然后判断这部作品的作者是(　　)。
    A. 格什温　　　　　　　　　　B. 勋伯格
    C. 斯特拉文斯基　　　　　　　D. 尹宜公

答案请扫码查看

下 篇
(人民音乐出版社版)

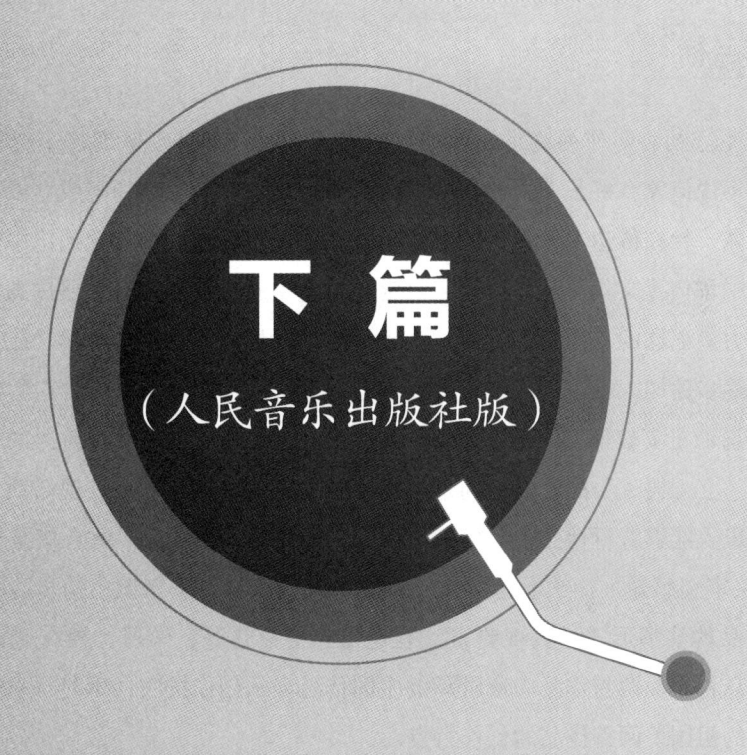

序篇　不忘初心

教学目标

　　以"不忘初心"作为鉴赏模块序篇的人文主题，并分别呈现《不忘初心》《祖国颂》《谁不说俺家乡好》《我和我的祖国》这四首中华人民共和国成立以来不同时期的主旋律歌曲，旨在传达本套教材的整体教学宗旨和思想内涵：自觉铭记中国革命历史、自觉传承中华传统文化与民族精神、自觉充盈爱国爱家情怀、自觉建构高雅文化的鉴赏品位和能力。以这四首作品为示例，初步学习、逐步理解音乐的不同功能。这一理性思辨能力的逐步建构，也正是高中鉴赏教学与初中欣赏教学最主要的区别所在。

　　本序篇的主要教学目的是：引发广大教师在整个模块乃至高中阶段的音乐教学活动中，牢记"立德树人"的使命，通过丰富多彩的审美感知、艺术表现活动，让我们培养的未来接班人能够践行社会主义核心价值观，成为"不忘初心"的合格接班人！

　　（1）审美感知。让学生运用义务教育阶段积累的音乐知识，初步聆听、感知、分析四首作品的演唱形式、表现要素、表达情感与情绪等；学习、探究《谁不说俺家乡好》《不忘初心》两首作品中所继承的中国传统音乐创作技法；学习、了解《祖国颂》《我和我的祖国》两首作品的创作特点。

　　（2）艺术表现。能够尝试与同学合作，用齐唱、对唱、表演唱、自拍MV（音乐电视）等不同的表现形式，较为完整地表现《不忘初心》《我和我的祖国》这两首歌曲，并力争在校内外活动中勇敢地进行展示；自选《谁不说俺家乡好》中最能体现山东民歌代表性风格的乐句、片段，加以模仿体验；在教师指导下尝试表现《祖国颂》A和A'两个乐段第一主题部分，亲身感受A乐段一领众和的磅礴气势，以及再现同主题节奏变化后欢腾、热烈的情绪变化。

　　（3）文化理解。深入理解《谁不说俺家乡好》这首歌曲的创作背景和选材用意，特别是理解以这首作品为代表的创作者们是如何以"不忘初心"的坚定信念，创作出以上四首不同时期的主旋律歌曲的；结合对本单元作品的赏析，逐步树立自觉铭记中国革命历史、自觉传承中华传统文化与民族精神、自觉充盈爱国爱家情怀、自觉建构高雅文化的鉴赏品味和能力；以本单元中的四首作品为示例，尝试分析、理解音乐的不同功能。

> 课程内容

《不忘初心》是于2019年由作曲家舒楠和作词人朱海共同创作而成的。整首作品调性为G大调，拍号为四四拍。该曲恢宏大气，寓意深远，旨在寄语中华儿女，不忘初心，砥砺前行。

《祖国颂》是纪录片《祖国颂》的主题歌，于1957年由作词人乔羽和作曲家刘炽共同创作。整首作品调性为F大调，是一首单乐章的颂歌。全曲共分为三个部分。第一部分旋律悠长、舒展、深情，富有民族特色，展现祖国一派繁荣的景象。第三部分是第一部分的变化重复，气势更加宽广、宏伟。

《谁不说俺家乡好》是1961年电影《红日》的插曲，由吕其明、杨庶正与肖培珩三人共同创作。作品调性为A大调，歌曲结构为一段体，由起、承、转、合式的四个乐句加以扩充构成。歌词质朴、亲切，旋律流畅、悠扬。音乐采用山东民歌素材，富有浓厚的乡土气息。歌曲乐观奔放、委婉深情，表达了解放区人民对人民军队的热爱，以及对解放战争必胜的坚定信念。

《我和我的祖国》是由张藜作词、秦咏诚谱曲，1985年由李谷一演唱的作品。作品调性为降E大调，歌曲为单二部曲式结构。整首作品是一部满怀爱国深情的歌曲。其歌词真挚、亲切、感人，曲调流畅、激越、抒情。

测评案例（一）

一、单项选择题

1. 下列歌曲中哪首是于2019年由曲作者舒楠和词作者朱海共同创作而成的？（　　）
   A. 《祖国颂》　　　　　　　　B. 《谁不说俺家乡好》
   C. 《红日》　　　　　　　　　D. 《不忘初心》

2. 1961年电影《红日》的插曲《谁不说俺家乡好》的调性是什么？（　　）
   A. F大调　　　B. G大调　　　C. C大调　　　D. A大调

3. 下列作品中由张藜作词、秦咏诚谱曲，1985年由李谷一演唱的是（　　）。
   A. 《我和我的祖国》　　　　　B. 《一杯美酒》
   C. 《谁不说俺家乡好》　　　　D. 《祖国颂》

4. 《祖国颂》主题歌的曲式结构是（　　）。
   A. 单乐章　　　B. 二段式　　　C. 多乐章　　　D. 一段式

二、多项选择题

1. 下列选项对《谁不说俺家乡好》描述正确的是（　　）。
   A. 1964年电影《红日》插曲　　B. 1961年电影《红日》插曲
   C. 调性为A大调　　　　　　　D. 创作者为吕奇正、杨庶正与肖培珩

2. 歌曲《祖国颂》的作者、创作时间与作品调性分别是（　　）。
   A. 乔羽、刘炽　　B. F大调　　　C. 1959年　　　D. 1957年

3. 《我和我的祖国》是一部满怀爱国深情的歌曲，其歌词真挚、亲切、感人，曲调流畅、激越、抒情，下面对是这首作品描述正确的是（　　）。
   A. 创作者为张藜、秦咏诚　　　B. 单三部曲式结构
   C. 单二部曲式结构　　　　　　D. 调性为降E大调

三、听辨题

听辨题请扫码聆听

1. 聆听音乐，判断这部作品的名称是（　　）。
   A. 《谁不说俺家乡好》　　　　B. 《祖国颂》
   C. 《我和我的祖国》　　　　　D. 《不忘初心》

2. 聆听音乐,判断这部作品的结构是(　　)。

   A. 单三部曲式结构　　　　　　　　B. 一段体

   C. 单乐章　　　　　　　　　　　　D. 单二部曲式结构

答案请扫码查看

第一单元　学会聆听音乐

第一节　音乐要素及音乐语言

教学目标

（1）审美感知。在赏析《一杯美酒》这首新疆维吾尔族民歌时，结合聆听与表现活动，进一步体会和寻找固定节奏音型、相似旋律语汇的不断发展与演变，以及特定调式等音乐形式要素所勾勒出的、独特的民族音乐风格和年轻姑娘对美好情感的追求；聆听《轻骑兵序曲》，掌握音乐基本要素的类别与表达方式，进而根据听觉感知，结合乐谱视唱，分析决定作品各段落特定音乐情感或典型音乐风格、音乐体裁的关键性形式要素与音乐语汇。

（2）艺术表现。通过模唱、视唱、背唱，表现《一杯美酒》第一乐句与尾声部分中"一杯美酒、一杯甜酒"的情绪变化；能够根据达卜谱敲击麦西热普固定节奏型的基本形态，主动寻找体现强、弱力度的音色和创造性击打方式，通过合作或自体二声部加以表现；唱、记《轻骑兵序曲》第一、第三主题。

（3）文化理解。能够在了解新疆维吾尔族音乐的发展手法、节奏、旋律、调式特点的基础上，理解新疆地区的音乐中体现出的文化融合性特点；能够在聆听、赏析《轻骑兵序曲》的基础上，分析作曲家采用吉普赛音乐风格的历史原因和文化背景。

课程内容

《一杯美酒》是维吾尔族民歌，由艾克拜尔作词，调性为f和声小调，曲式结构为带再现的单三部曲式。整首作品节奏鲜明、旋律优美，具有典型的维吾尔族音乐风格特点。奔放的情绪、浓郁的感情，表达了人们对美好生活的追求与向往。

《轻骑兵序曲》是奥地利作曲家苏佩于1866年所作的歌剧序曲。主题 A 是嘹亮的号角音调，主题B的旋律轻快跳跃，主题C的旋律是为人们所熟知，具有欧洲古典舞曲风格，并暗合了马蹄声的节奏型。

第二节　音乐情感及情绪

教学目标

（1）审美感知。从音乐本体出发，通过对两首声乐曲《祝酒歌》《母亲教我的歌》和两音器乐曲《立志》《流浪者之歌》的聆听、鉴赏与分析，感知作品旋律、节奏、力度、音色等音乐要素在表达音乐情感方面的重要作用。

（2）艺术表现。学唱、视唱《立志》中多次重复的音乐主题及《流浪者之歌》C段主题音乐；唱会两首声乐作品的前16小节主题旋律；通过指挥图示挥拍复习登拍特点；通过画旋律线看总谱、记写旋律等方式整体感知音乐要素与音乐情感之间的密切关系。

（3）文化理解。从声乐作品中感受时代性与母爱的深厚情感；从器乐作品中学习积极向上的拼搏精神与不屈的民族性格；从题材、体裁、风格等方面去理解音乐的内容、形式的美，潜移默化地引导学生形成健康向上的音乐审美观和正确的道德观、价值观；探究番乐蕴含的文化内涵，拓宽听赏视野，尝试以不同方式、不同角度理解和欣赏音乐，使音乐与其他相关学科之间能充分融合与渗透。

课程内容

《祝酒歌》创作于1977年，由韩光作词、施光南谱曲，调性为降E大调。此曲旋律欢快、热情，曲式结构为带再现的复二部曲式结构。歌曲自诞生以来，深受人民群众喜爱。

《立志》是交响组曲《乔家大院》的第二乐章，于2009发行，由赵季平作曲，调性为D徵调式，具有典型的山西民歌调性色彩。其音乐速度较快、节奏干练、催人奋进，具有很强的推动力，表现了主人公积极向的心理活动状态。

《母亲教我的歌》是由捷克诗人海杜克作词、捷克作曲家德沃夏克作曲，创作于1880年。歌曲旋律朴实、简洁，跌宕的大跳音程、附点与切分节奏更加深了这首作品深远的意境，既有甜蜜的回味，又饱含心酸的情感。

《流浪者之歌》又名《吉卜赛之歌》，是西班牙小提琴家萨拉萨蒂所作的一首著名的小提琴曲。整首作品由四个部分组成，通过凄美哀婉的旋律和富于变化的节奏，表达了吉卜赛人四处流浪的哀愁与热情奔放的性格。

测评案例（二）

一、单项选择题

1. 《流浪者之歌》的作者萨拉萨蒂的国籍是（　　）。
   A. 美国　　　　B. 法国　　　　C. 西班牙　　　　D. 意大利
2. 由诗人海杜克作词、作曲家德沃夏克谱曲的《母亲教我的歌》创作时间是（　　）。
   A. 1888年　　　B. 1889年　　　C. 1880年　　　D. 1881年
3. 《祝酒歌》是由韩光作词、施光南作曲，创作于1977年，自歌曲诞生以来深受人民群众喜爱，其曲式结构是（　　）。
   A. 带再现的复二部曲式　　　　B. 单三部曲式
   C. 奏鸣曲式　　　　　　　　　D. 三部曲式
4. 《立志》选自交响组曲《乔家大院》的第二乐章，由赵季平作曲，于2009发行，其音乐速度较快、节奏干练、催人奋进，具有典型的（　　）民歌调性色彩。
   A. 陕北　　　　B. 西南　　　　C. 山西　　　　D. 陕西
5. 下面对《祝酒歌》的创作年代、作曲家及曲式结构描述正确的是（　　）。
   A. 1977年，施光南，副二部曲式结构
   B. 1976年，施光南，副二部曲式结构
   C. 1977年，施光南，副三部曲式结构
   D. 1979年，施光男，副二部曲式结构
6. 《澧水船夫号子》是一首湖南民歌，流行于湖南澧水一带的船夫劳动号子，是船夫们行船时演唱的歌曲，全曲共由几个乐段组成？（　　）
   A. 一个乐段　　B. 两个乐段　　C. 四个乐段　　D. 三个乐段
7. 《脚夫调》是陕北人民最喜欢的山歌之一，属于山歌中的哪一种形式？（　　）
   A. 花儿　　　　B. 信天游　　　C. 号子　　　　D. 小调
8. 《弥渡山歌》又名《山对山来崖对崖》，是哪个地区的民歌？（　　）
   A. 四川　　　　B. 贵州　　　　C. 云南　　　　D. 西藏
9. 对《孟姜女》的结构描述正确的是（　　）。
   A、起、承、转、合　　　　　　B. 引子、开头、结尾
   C. 引子、起、承、转、合　　　D. 起、承、转、结尾
10. 《辽阔的草原》是一首蒙古族长调歌曲，其节奏为悠长的散板，调式为（　　）。
    A. 宫调式　　　B. 商调式　　　C. 羽调式　　　D. 角调式

11. 《蝉之歌》是侗族具有代表性的"大歌",由张冲记录,译词者分别是（   ）。
   A. 梁本珍和王化民   B. 王本华和梁化民
   C. 梁本珍和王新民   D. 梁本珍和王为民

12. 《牡丹汗》是由胡振华和哈米提译词,简其华、王曾婉记录、配歌的一首爱情歌曲,它是一首（   ）民歌。
   A. 傣族   B. 维吾尔族   C. 藏族   D. 侗族

二、多项选择题

1、《立志》的音乐速度较快、节奏干练,催人奋进,具有很强的推动力,下面描述正确的是（   ）。
   A. 选自《乔家大院》的第二乐章   B. 选自《乔家大院》的第三乐章
   C. D徵调式   D. 作曲者为赵季华

2、下面对《祝酒歌》的创作年代、作曲家及曲式结构描述正确的是（   ）。
   A. 1977年   B. 施光南
   C. 三部曲式结构   D. 复二部曲式结构

3、《母亲教我的歌》这首作品旋律朴实、简洁,跌宕的大跳音程、附点与切分节奏更加深了这首作品深远的意境,下列选项描述正确的是（   ）。
   A. 1977年   B. 作曲者为德沃夏克
   C. 三部曲式结构   D. 创作于1880年

4、《流浪者之歌》又名（   ）作者是（   ）整首作品共由（   ）个部分组成。
   A. 四   B. 《吉卜赛之歌》
   C. 《柬埔寨之歌》   D. 萨拉萨蒂

5、《幸福歌》是哪个地区的民歌?（   ）其演唱方式有哪些?（   ）
   A、湖北民歌   B. 领唱
   C. 齐唱   D. 湖南民歌

6. 下列对《姑苏风光》描述正确的是（   ）。
   A. 是一首大型叙事性歌曲   B. 歌曲表现了对家乡热爱
   C. 是一首器乐曲   D. 属于江南小调

7. 下列对《弥渡山歌》与《脚夫调》分别描述正确的是（   ）。
   A. 又名《山对山来崖对崖》、云南民歌
   B. 又名《山对山来崖对崖》、四川民歌
   C. 陕北信天游、云南民歌
   D. 花儿、云南民歌

8、下列对《牡丹汗》描述正确的是（　　）。
　　A. 维吾尔族民歌　　　　　　　　B. 胡振华和哈米提译词
　　C. 简其华、王曾婉记录　　　　　D. 藏族民歌

9、《蝉之歌》是哪个民族的代表性歌曲？（　　）歌曲是由谁记谱、译词的？（　　）
　　A. 侗族　　　　　　　　　　　　B. 张冲
　　C. 梁本珍和王化民　　　　　　　D. 蒙古族

10、《辽阔的草原》与《宗巴郎松》分别流行于哪个民族？（　　）
　　A. 藏族　　　　B. 傣族　　　　C. 蒙古族　　　　D. 侗族

第二单元　腔调情韵——多彩的民歌

第三节　汉族民歌

教学目标

（1）审美感知。通过聆听六首汉族民歌，感受其在方言、旋律、节奏、节拍、歌词、调式、结构等方面的特点，了解号子、山歌、小调三种不同体裁汉族民歌的风格特征，进而达到审美体验目标。

（2）艺术表现。通过对作品音乐情绪的感受体验、对主题的演唱、对典型节奏的敲击体验、对方言腔调的模仿，学会中国汉族传统民歌的部分片段。

（3）文化理解。通过学习和了解民歌与地方语言、地域环境、历史文化之间的关系，理解民歌地域风格的形成原因，了解民歌背后所承载的人文内涵，进而认识民歌的价值和魅力，对我国民歌产生喜爱之情。

课程内容

民歌是我国民间音乐的一类，是民间音乐和民间文学相结合的艺术形式。

民歌的特征有：

（1）和人民的社会生活有最紧密直接的联系。

（2）是经过广泛的群众性即兴编作、口头传唱而逐渐形成和发展起来的。

（3）音乐形式简明洗练、平易近人、生动灵活。

民歌的体裁有号子（劳动号子）、山歌和小调。

《澧水船夫号子》是一首湖南民歌，是流行于湖南澧水一带的船夫劳动号子，是船工们行船时演唱的歌曲。全曲由三个乐段组成。歌曲开头为平水号子，通过由弱及强的劳动节奏衬词，展现了船工们摇船自远而近、徐徐而来的情景。

《脚夫调》是陕北民歌，是一首陕北信天游。信天游是陕北人民最喜欢的一种山歌形式。歌曲表达了脚夫赶脚时那种寂寞惆怅、凄凉无助的心情。

《弥渡山歌》又名《山对山来崖对崖》是一首云南民歌。歌词共八句，歌曲采用比兴手法，前三句或兴或比，直到最后一句才切入主题，具有南方的含蓄色彩。歌曲的旋律婉转、飘逸，富有云南山歌的独特风格。

　　《姑苏风光》是一首江苏民歌，表现了对家乡的热爱，是由"码头调""满江红""六花六节""鲜花调""湘江浪"等几个独立的曲调连缀而成的一首较为大型的叙事性歌曲。本课节选的"码头调"，在旋律音调方面具有典型的江南小调特点。

　　《孟姜女》是一首河北民歌。"孟姜女调"是我国流传较广、影响较大的民间小曲的基本曲调。用这个曲调填词的民歌很多，内容也非常广泛，并有多种多样的变体。其中，述说离别或爱情题材的占有相当的比重。"孟姜女调"的基本形式为起、承、转、合四句结构。本课学习的《孟姜女》是在江苏民歌《孟姜女》曲调的基础上变化而来的。

　　《幸福歌》是湖北民歌，是民间歌手蒋桂英根据一首湖北天门的民间小调改编而成的歌曲。歌曲采用了领唱、齐唱的演唱形式。前半部分的和腔用重复的手法巩固了主腔的地位，后半部分的和腔以扩充的手法将情绪推向高潮。

第四节　少数民族民歌

教学目标

　　（1）审美体验。通过聆听蒙古族、藏族、维吾尔族、侗族的四首少数民族传统民歌，从曲调、节奏、节拍、作品结构、语言腔调等方面感受到"长调""囊玛""爱情歌曲""大歌"等少数民族民歌体裁的独特艺术特征和民族风格，进而达到审美体验目标。

　　（2）艺术表现。通过对少数民族传统民歌的聆听感受，以及对其音乐文化的探究了解，能在参与实践表现的过程中，学会少数民族传统民歌中的典型音调、节奏和独特的歌舞形式。

　　（3）文化理解。通过对少数民族民歌与人们的生活地域、生活方式、经济形态、文化传统语言等因素的了解学习，知道他们之间的紧密关系，理解形成其民族风格的重要原因，懂得少数民族民歌的艺术价值和魅力，并产生喜爱之情。

课程内容

《辽阔的草原》是一首蒙古族长调歌曲，节奏为悠长的散板，调式为羽调式。音乐分为上下两句，歌中用生动的比喻和含蓄的语气歌颂了草原上的姑娘。1955年，歌唱家宝音德力格尔用这首歌参加了"第五届世界青年与学生和平友谊联欢节"并获得了金奖。

《宗巴朗松》是流行于西藏自治区的一首传统歌舞曲，具有典型的囊玛音调特点。音乐由引子、歌曲与舞曲组成。

《牡丹汗》是新疆维吾尔族民歌，由胡振华和哈米提译词，简其华、王曾婉记录、配歌。其虽是一首爱情歌曲，但其中蕴含着深刻的哲理，气势宏大。歌曲的旋律明朗奔放、感情充沛，具有浓郁的新疆维吾尔族民歌特色。

《蝉之歌》是侗族具有代表性的"大歌"，由张冲记录、梁本珍和王化民译词。歌曲的歌词较少，更多的是衬词，这种比例安排给人声的发挥留下了更多的余地。两个声部以三度、四度、五度音程为主，旋律优美、音色和谐。

第三单元　鼓舞弦动——丰富的民间器乐

第五节　鼓乐铿锵

教学目标

（1）审美感知。聆听《锦鸡出山》《滚核桃》《童谣》，感受、体验乐曲的音乐情绪，想象乐曲所表现的生活内容，了解乐曲的表现手法。

（2）艺术表现。在感受、体验乐曲的音乐情绪，理解乐曲的音乐内容基础上，通过实践掌握"打溜子""吹歌""鼓吹乐"等表现形式，掌握相关知识。

（3）文化理解。通过对民间器乐的音乐体裁、演奏形式、风格特征的了解，探究其形成的原因，理解其艺术价值与社会价值。

课程内容

《锦鸡出山》是一首湖南民间乐曲，由田隆信编曲，是依据湖南土家族"打溜子"改编的一首器乐曲。乐曲采用不同的演奏方法与多变的节奏，表现了人们热爱生活的乐观情趣。

《滚核桃》是山西绛州民间乐曲，由王宝灿与郝世勋整理而成。乐曲包括头、身、尾三个部分，采用了多种演奏技法，表现了农民秋收时节在房顶晾晒核桃的情景，以及丰收时的喜悦心情。

《童谣》是一首北京民间乐曲，是根据北京儿歌转化而来的民间器乐曲。它以"吹歌"的形式出现，管子在其中发挥了重要作用。乐曲表现了一种欢快、活泼、诙谐的音乐情绪。

第六节　丝竹相和

教学目标

（1）审美感知。聆听《中花六板》《娱乐升平》等民间丝竹乐曲，感受、体验乐曲的音乐情绪，了解乐曲的表现方法，培养对丝竹乐的兴趣与爱好。

（2）艺术表现。通过音乐实践活动，了解江南丝竹、广东音乐的乐队构成，获得辨别音色的能力，掌握有关江南丝竹和广东音乐的基础知识。

（3）文化理解。通过了解江南丝竹与广东音乐的音乐风格，理解形成音乐风格的主要原因。

课程内容

《中花六板》又名《薰风曲》或《虞舜薰风曲》，属于江南丝竹器乐乐种。它是一首民间器乐曲牌《老六版》的放慢加花，旋律清新悠扬、优美抒情、典雅细腻，富有浓郁的江南色彩，展现了人们乐观向上的生活态度。

《娱乐升平》是一首广东音乐，由丘鹤俦作曲。《娱乐升平》在创作上既保留了广东音乐的传统特色，又借鉴了欧洲专业音乐的作曲技巧，从而在风格上有所创新和突破。乐曲表现了一种清新活泼、乐观向上的音乐情绪。

测评案例（三）

一、单项选择题

1. 《锦鸡出山》是一首（　　）民间乐曲。
   A. 湖南　　　　　　　　　　B. 湖北
   C. 四川　　　　　　　　　　D. 西藏

2. 《滚核桃》是山西绛州民间乐曲，由（　　）整理而成。
   A. 王宝灿与丘鹤俦　　　　　B. 王宝灿与郝世勋
   C. 丘鹤俦与郝世勋　　　　　D. 田隆信与郝世勋

3. 《童谣》是一首北京民间乐曲，曲子是根据北京儿歌转化而来的民间器乐曲，它的表现形式是（　　）。
   A. 吹歌　　　　　　　　　　B. 吹曲
   C. 横吹　　　　　　　　　　D. 小调

4. 《中花六板》又名《薰风曲》或《虞舜薰风曲》，属于（　　）器乐乐种。
   A. 广东音乐　　　　　　　　B. 河北吹歌
   C. 江南丝竹　　　　　　　　D. 江南小曲

5. 《娱乐升平》是一首广东音乐，该曲的作曲者是（　　）。
   A. 丘鹤俦　　　　　　　　　B. 王西风
   C. 王宝灿　　　　　　　　　D. 郝世勋

二、多项选择题

1. 《锦鸡出山》是一首（　　）民间乐曲，由（　　）编曲，是依据湖南土家族"打溜子"改编而来的器乐曲。
   A. 湖南　　　　　　　　　　B. 湖北
   C. 田隆信　　　　　　　　　D. 王宝灿

2. 《滚核桃》是（　　）民间乐曲，由（　　）与（　　）整理而成。
   A. 陕西绛州　　　　　　　　B. 山西绛州
   C. 王宝灿　　　　　　　　　D. 郝世勋

3. 《童谣》是一首（　　）民间乐曲，曲子是根据儿歌转化而来的民间器乐曲。它以（　　）的形式出现。
   A. 南京　　B. 打溜子　　C. 吹歌　　D. 北京

4. 《中花六板》又名（　　）或《虞舜薰风曲》，体裁为（　　）。

   A. 《薰风曲》 B. 江南丝竹
   C. 《慢六版》 D. 广东音乐

5. 《娱乐升平》是一首，由（　　）作曲，在创作上既保留了该体裁的传统特色，又借鉴了欧洲专业音乐的作曲技巧，从而在风格上有所创新和突破。

   A. 广东音乐 B. 王宝灿
   C. 江南丝竹 D. 丘鹤俦

第四单元　国之瑰京剧

第七节　京剧传统戏

教学目标

（1）审美感知。学生在欣赏、聆听的过程中，了解作品的创作背景、故事梗概，知道与戏剧相关的一般知识，体验、感受不同行当、不同流派的特色。

（2）艺术表现。通过模仿、学唱作品中一两个乐句，体验不同行当的唱腔、表演特色、咬字吐字方法；通过学做简单的身段动作，体验不同行当的表演特点。

（3）文化理解。通过实践初步学习戏剧相关知识，了解京剧发展过程，领略京剧表演的魅力所在。

课程内容

《我正在城楼观山景》是一首京剧传统戏曲，出自京剧《空城计》选段，唱段的角色行当是老生唱段。《空城计》讲述了诸葛亮端坐于城楼，见司马懿心存疑虑，不敢贸然进兵，于是顺水推舟，主动说城内无兵，欢迎他进城。此时司马懿疑心更重，主动退兵。唱词刻画了诸葛亮的至诚坚贞与聪明机智，令听者肃然起敬。

《看大王在帐中和衣睡稳》是一首京剧传统戏曲，出自《霸王别姬》中虞姬的一个唱段，其角色行当为旦角中正旦的唱段。这个唱段表现项羽被围垓下，又闻四面楚歌，非常忧闷。虞姬为项羽解愁，劝酒舞剑，直到项羽睡稳，而自己非常愁苦的心情。

《忽听万岁宣包拯》是一首京剧传统戏曲，出自京剧《打龙袍》的选段，其角色行当为净角唱段。戏曲的内容主要讲述了包拯遇李后告状后回到京城，借元宵观灯之际迎接李后还朝，特设灯戏指出皇帝不孝。仁宗为之大怒，要斩包拯。经老太监陈琳说出当年狸猫换太子之事，包拯才被赦免。李后责备仁宗，命包拯代打皇帝。包拯脱下仁宗龙袍，用打龙袍象征打皇帝。这段唱腔斩钉截铁、字字珠玑，是花脸中的经典唱段。

《蒋干盗书》是一首京剧传统戏曲，出自京剧《群英会》选段，角色行当为丑角表演段落。

　　《群英会》取材于三国时期刘备、孙权联手抗曹的故事。曹操派蒋干刺探军情，吴国都督周瑜实施反间计。与蒋干饮酒后装醉入睡，故意将事先炮制的假书信让蒋干盗走，借曹操之手除掉了曹营中善于水战的两员大将。

第八节　京剧现代戏

教学目标

　　（1）审美感知。学生在聆听《望人间》过程中体会（反二黄散板）（慢板）（原板）等板式在速度和情绪中的变化，从而通过唱腔来理解人物性格、情绪以及形象的塑造。知道《杜鹃山》的故事梗概，了解京剧，京剧现代戏的发展。

　　（2）艺术表现。对比《望人间》与《家住安源》的异同，从唱腔入手，分析同一板式在不同行当、不同人物中的表现力。通过模仿演唱或聆听，体会剧中人物柯湘的英雄形象。

　　（3）文化理解。通过京剧现代戏的作品，了解京剧传统艺术与京剧现代戏的发展轨迹理解艺术发展与社会发展存在的联系。

课程内容

　　《望人间》是京剧现代戏，出自京剧《圣洁的心灵——孔繁森》选段。《圣洁的心灵——孔繁森》创作于1995年，是京剧现代戏的优秀剧目。《望人间》刻画了孔繁森热爱祖国、热爱人民和对革命事业无限忠诚的光辉形象。

　　《家住安源》是京剧现代戏，是中国现代京剧十大革命经典样板戏之一，出自京剧《杜鹃山》选段。

测评案例（四）

一、单项选择题

1. 《我正在城楼观山景》是一首京剧传统戏曲，这首作品选自（　　）。
   A. 《空城计》　　　　　　　　　B. 《赵氏孤儿》
   C. 《群英会》　　　　　　　　　D. 《打龙袍》

2. 《忽听万岁宣包拯》是一首京剧传统戏曲，是京剧《打龙袍》的选段，这个乐段是哪个角色行当的唱段？（　　）
   A. 生　　　　B. 旦　　　　C. 净　　　　D. 丑

3. 《蒋干盗书》是一首京剧传统戏曲，是京剧《群英会》选段，角色行当为丑角表演段落，取材于哪个时期的故事？（　　）
   A. 三国　　　B. 隋唐　　　C. 秦汉　　　D. 两晋

4. 《看大王在帐中和衣睡稳》是一首京剧传统戏曲，选自（　　）。
   A. 《空城计》　　　　　　　　　B. 《霸王别姬》
   C. 《群英会》　　　　　　　　　D. 《打龙袍》

5. 《望人间》是京剧现代戏，是京剧《圣洁的心灵——孔繁森》的选段，创作时间是（　　）。
   A. 1997年　　B. 1995年　　C. 1996年　　D. 1998年

6. 《家住安源》是京剧现代戏，选自（　　）。
   A. 《空城计》　　　　　　　　　B. 《霸王别姬》
   C. 《群英会》　　　　　　　　　D. 《杜鹃山》

二、多项选择题

1. 《我正在城楼观山景》是一首京剧（　　），是京剧（　　）的选段，唱段的角色行当是（　　）。
   A. 传统戏曲　　　　　　　　　　B. 《空城计》
   C. 老生　　　　　　　　　　　　D. 现代京剧

2. 《看大王在帐中和衣睡稳》是一首京剧（　　），选自（　　）中虞姬的一个唱段，其角色行当为（　　）。
   A. 《空城计》　　　　　　　　　B. 传统戏曲
   C. 《霸王别姬》　　　　　　　　D. 正旦

3. 《忽听万岁宣包拯》是一首京剧（　　），是京剧（　　）的选段，其角色行当为（　　）。
   A. 传统戏曲　　　　　　　　B. 《打龙袍》
   C. 正旦　　　　　　　　　　D. 净

4. 《蒋干盗书》是一首京剧（　　），是京剧（　　）的选段，其角色行当为（　　）。
   A. 传统戏曲　　　　　　　　B. 现代戏曲
   C. 《群英会》　　　　　　　D. 丑

答案请扫码查看

第五单元　诗乐相彰——歌曲艺术

第九节　独唱曲

教学目标

（1）审美感知。通过聆听四首中外经典的独唱曲目《大江东去》《吐鲁番的葡萄熟了》《重归苏莲托》和《夜莺》，了解人声的特点和分类。对男中音、女中音、男高音、女高音的音色特点和音域范围有一定的认识和了解；探究歌曲的旋律、节奏、速度、力度等音乐要素在音乐表现中的重要作用。

（2）艺术表现。在聆听歌曲的基础上，能够用正确的发声方法，有感染力和艺术表现力地演唱歌曲的主题或片段，表现作品的意境。

（3）文化理解。了解这四首不同题材、不同风格的声乐作品及其相关知识，拓宽音乐文化视野；通过鉴赏歌曲《大江东去》和《吐鲁番的葡萄熟了》，感受富有人生哲理的诗化音乐，树立家国情怀；通过鉴赏歌曲《重归苏莲托》和《夜莺》，体验、学习、理解世界其他国家或地区的多元文化，并从中获得美好、崇高的精神享受。

课程内容

《大江东去》是1920年青主根据苏轼的《念奴娇·赤壁怀古》创作而成的一首艺术歌曲，其曲式结构为带尾声的并列二部曲式。歌曲内容表达了对历史人物的无限感慨，以及对人生挫折的感叹，抒发了作者怀才不遇、屡遭贬谪的郁闷心情。词作意味深远、气势庞大，具有很强的震撼力和艺术效果。

《吐鲁番的葡萄熟了》是由瞿琮作词、施光南谱曲的一首具有浓郁维吾尔族民间音乐风格的作品。歌曲的曲式结构为二部曲式，主要描写了维吾尔族青年克里木在参军前种下了一棵葡萄苗，并委托心爱的姑娘阿娜尔罕照顾这棵幼苗的故事。词作者巧妙地把二人之间的爱情和对祖国之爱融为一体。作曲家施光南将维吾尔族手鼓的典型节奏运用到歌曲中，使歌曲既充满活力激情，又充满诗情画意。

《重归苏莲托》是著名的意大利歌曲。它由G·第·库尔蒂斯作词，由埃尔内斯托·第·库尔蒂斯作曲，由尚家骧译配。苏莲托是离意大利那不勒斯不远的一处游览胜地。歌曲采用了船歌经常使用的三拍子，曲调悠扬、速度较慢，赞美了苏莲托美丽的田园风光，也借此美景抒发了对爱人的思念。

　　《夜莺》是由俄国作词家捷尔维格作词、阿里亚比耶夫谱曲、奥勃彼尔改编的一首独唱曲。《夜莺》这首歌曲是阿里亚比耶夫于1826年在西伯利亚流放期间写成的，他虽然当时身处逆境，但仍然充满着乐观主义精神。歌曲运用了较多的大跳音程和变化音，使得曲调婉转动听，好似一个人正在宁静地聆听夜莺的歌唱。欣赏时，应关注花腔女高音演唱技巧与歌曲表现内容之间的联系。

第十节　合唱曲

教学目标

　　（1）审美感知。通过聆听混声合唱《雨后彩虹》《大漠之夜》和清唱剧《布兰诗歌》的序曲《命运女神》，感知旋律、节奏、和声、织体等音乐要素在音乐中的表现，了解其不同的风格特征，体验其丰富多彩的音乐情绪，进一步认识合唱艺术和清唱剧，提升学生的审美感知能力。

　　（2）艺术表现。在鉴赏的同时加强学生的艺术实践，通过实践活动提升学生的歌唱能力；树立正确的合唱理念，并从感性上积累对合唱艺术的理解，也在合唱的集体体验中培养学生的团队协作能力。

　　（3）文化理解。通过学习《雨后彩虹》和《大漠之夜》，感知中国现当代合唱艺术的文化内涵，熟悉中华民族合唱艺术的发展情况；通过清唱剧《布兰诗歌》的序曲《命运女神》，开阔视野，体验、学习、理解世界其他国家或地区优秀的合唱作品，进而培养学生多元的国际文化视野。

课程内容

　　《雨后彩虹》是于之作词、陆在易于1982年谱曲的合唱曲。歌曲的结构为带有前奏、间奏与尾声的复三部曲式结构。作品以抒情的浪漫意境、瑰丽的和声色彩和清新优美的旋律线条，表达了作曲家心中的美好理想和憧憬。音乐真挚动人，辽阔而又明朗。

《大漠之夜》是由邵永强作词、尚德义谱曲的混声合唱曲，作品通过描写骆驼历经坎坷而无怨无悔地行进，来赞扬勘探队员坚韧不拔、甘于奉献、不求回报的高贵品质。这首合唱曲荣获中宣部第六届"五个一工程"奖、首届中国音乐"金钟奖"声乐作品金奖第一名。

　　《命运女神》是清唱剧《布兰诗歌》的选段，由德国作曲家卡尔·奥尔夫作曲。《布兰诗歌》也称为《博伊伦之歌》，原是舞台作品《凯旋三部曲》中的第一部，作于1935—1936年，1937年首演于法兰克福，后作为康塔塔单独演出，是奥尔夫最著名的代表作。其歌词选自在巴伐利亚州博伊伦修道院中发现的一本13世纪的诗集，其用拉丁文写成，内容蕴含着对宗教禁锢的生活方式的反叛、对美好自由的赞美，以及对封建世俗的嘲讽。《命运女神》是这部作品的序歌，音乐从庄严、雄壮的呐喊开始，力度富于变化，节奏鲜明，充满动感，不断积蓄力量，最后喷涌爆发，给人带来强烈的震撼。

测评案例（五）

一、单项选择题

1. 《大江东去》是青主根据苏轼的《念奴娇·赤壁怀古》创作而成的一首艺术歌曲，创作于（　　）年。
   A. 1920　　　　B. 1921　　　　C. 1923　　　　D. 1922
2. 《雨后彩虹》是于之作词、陆在易于1982年谱曲而成的一首（　　）体裁的歌曲。
   A. 清唱剧　　　B. 独唱曲　　　C. 合唱曲　　　D. 男女对唱
3. 《命运女神》是清唱剧《布兰诗歌》的选段，卡尔·奥尔夫是哪个国家的人？（　　）
   A. 德国　　　　B. 俄国　　　　C. 法国　　　　D. 意大利
4. 《大漠之夜》是由邵永强作词、尚德义谱曲的一首（　　）体裁的歌曲。
   A. 独唱曲　　　B. 混声合唱曲　C. 合唱曲　　　D. 男女对唱
5. 《吐鲁番的葡萄熟了》是由瞿琮作词、施光南谱曲的一首具有浓郁维吾尔族民间音乐风格的作品，歌曲的曲式结构是（　　）。
   A. 一段式　　　B. 三部曲式　　C. 奏鸣曲式　　D. 二部曲式
6. 《夜莺》是由俄国作词家捷尔维格作词、阿里亚比耶夫谱曲、奥勃彼尔改编的一首（　　）曲。
   A. 合唱　　　　B. 混声合唱　　C. 独唱　　　　D. 男女对唱
7. 《重归苏莲托》是著名的意大利歌曲，它的作曲家是（　　）。
   A. 卡尔·奥夫　　　　　　　　　B. 埃尔内斯托·第·库尔蒂斯
   C. 卡尔·奥尔夫　　　　　　　　D. 埃尔内斯托·库尔蒂斯

二、多项选择题

1. 《大江东去》是（　　）年青主根据（　　）的《念奴娇·赤壁怀古》创作而成的一首艺术歌曲，其曲式结构为带尾声的并列二部曲式。
   A. 1920　　　　B. 杜牧　　　　C. 苏轼　　　　D. 1921
2. 《吐鲁番的葡萄熟了》是由（　　）作词、（　　）谱曲的一首具有浓郁（　　）民间音乐风格的作品。
   A. 瞿琮　　　　B. 施光南　　　C. 维吾尔族　　D. 傣族
3. 《重归苏莲托》是著名的（　　）歌曲。它由（　　）作词，由（　　）作曲，尚家骧译配。
   A. 意大利　　　　　　　　　　　B. G·第·库尔蒂斯
   C. 德国　　　　　　　　　　　　D. 埃尔内斯托·第·库尔蒂斯

4. 《夜莺》是由（ ）作词家（ ）作词、阿里亚比耶夫谱曲、奥勃彼尔改编的一首独唱曲。
   A. 捷尔维格　　　B. 阿里亚比耶夫　　C. 意大利　　　D. 俄国

5. 《雨后彩虹》是于之作词、陆在易于（ ）年谱曲而成的（ ），歌曲的结构为带有前奏、间奏与尾声的复三部曲式结构。
   A. 1982　　　　　B. 独唱曲　　　　　C. 1983　　　　D. 合唱曲

6. 《大漠之夜》是由（ ）作词、尚德义谱曲的（ ）曲，作品通过描写骆驼历经坎坷而无怨无悔地行进，来赞扬勘探队员坚韧不拔、甘于奉献、不求回报的高贵品质。
   A. 混声合唱　　　B. 独唱　　　　　　C. 邵永强　　　D. 瞿琮

7. 《命运女神》是清唱剧（ ）的选段，由（ ）作曲家卡尔·奥尔夫作曲。
   A. 《布兰诗歌》　B. 德国　　　　　　C. 法国　　　　D. 《博伊伦之歌》

答案请扫码查看

第六单元　音画交响——影视音乐

第十一节　中国影视音乐

教学目标

（1）审美感知。通过聆听电影插曲《怀念战友》，感受电影插曲是如何塑造人物形象和表达情感的；通过聆听电视剧主题歌《大宅门》，体验、辨识并描述音乐的时代特征和民族风格，了解影视剧的内容与时代背景、影视剧音乐风格之间的契合度对影视剧产生的影响和作用；认识影视音乐构成中常见的主题歌、主题曲、插曲等体裁形式，并体验其表现艺术形象和传递情感的过程。

（2）艺术表现。通过聆听、学唱歌曲《怀念战友》《大宅门》，感受音乐的风格特色和创作意图，积累欣赏音乐作品的方法，并深化对音乐的理解；结合影片内容聆听《百鸟朝凤》，加强学生对作品听觉属性、形式要素和人文内涵的感受能力，培育在联觉机制作用下对音响结构的综合体验能力，进而提高艺术素养和人文修养，吸纳和传承优秀文化，滋养健全人格。

（3）文化理解。通过聆听、学唱歌曲《怀念战友》《大宅门》，结合两首歌曲的音乐风格和创作背景，从文化角度关注音乐作品和音乐现象，认知作品产生的历史文化背景和风格特征；结合影片《百鸟朝凤》的中心思想，从文化的角度引导学生熟悉和热爱中华民族的音乐创造成果，探究其独特风格和文化内涵，增强民族自豪感，培养爱国主义情操。

课程内容

《怀念战友》是电影《冰山上的来客》的插曲，由赵心水和雷振邦作词、雷振邦作曲，发行于1963年。歌曲结构为展开性二段式结构，并采用比兴的手法，借背井离乡与亲人分别时的痛苦感受，强烈抒发失去战友时的悲痛之情。

《大宅门》是电视剧《大宅门》的主题歌，由易茗作词、赵季平作曲。音乐采用我国戏曲音乐散—慢—中—快—散的结构形式，配器中运用的是京剧锣鼓经"急急风"，使音乐的京腔京韵更加突出。各种混合节拍、大跳音程、后附点节奏及润腔的运用，都是对演唱技术的挑战。歌曲以京韵十足的旋律、大气磅礴的歌词、情真意切的演唱，给人留下了深刻的印象。它的旋律跌宕起伏，节奏多样变化，歌曲充满豪情，深刻揭示了清末至民国时期北京中医药世家的传奇故事。

《百鸟朝凤》是电影《百鸟朝凤》的配乐，是由张大龙作曲的一首唢呐协奏曲。2016年5月出品的电影《百鸟朝凤》，讲述了黄土高坡两代唢呐艺人坚守信念、传承中华民族优秀传统文化的坚定态度。该片荣获第十三届精神文明建设"五个一工程"优秀作品奖。根据这部电影创作的唢呐协奏曲，先由木管乐器奏出引子部分的音调，通过唢呐的自由吹奏，以及对鸟鸣声的模拟，描绘了一幅黄土高坡的民间风情图景。紧接着出现的主题A，以跳跃的音程、充满弹性的节奏，展现民间唢呐艺人直爽的性格。与A主题形成鲜明对比的B主题，则是一个充满辛酸的忧伤主题。

第十二节　外国影视音乐

教学目标

（1）审美感知。欣赏两首不同风格的影视作品——《星球大战》主题曲和《天使艾米莉》片尾曲，让学生感受、体验影视音乐的风格特征；通过聆听《星球大战》主题曲，感知旋律、节奏速度、音色等音乐要素在音乐中的作用，体验音乐美感，领悟作品表现意图；探索影视音乐的音响与画面的关系，认识影视音乐的特点和影视音乐的功能。

（2）艺术表现。通过聆听《星球大战》主题曲，把握作品结构，总结规律，并在特定的艺术表现情境中丰富情感，充实心灵，激发想象力、发挥创造力、培养自信心；通过聆听《天使艾米莉》片尾曲，理解和熟悉变奏曲在塑造艺术形象和表达情感方面的手法，以及不同乐器组合的音色对表现音乐的作用。

（3）文化理解。以开阔的视野体验两首不同风格的影视作品——《星球大战》主题曲和《天使艾米莉》片尾曲。学习、理解世界其他国家和民族的优秀音乐文化，尊重文化多样性；通过中外影视音乐作品的创作背景、创作风格、表现手法等，认识音乐文化传承与发展、继承与借鉴、共性与个性之间的关系，理解世界多元文化的共存对人类文化发展的必然性和重要性，树立文化自信。

> 课程内容

　　《星球大战》是电影《星球大战》的主题曲，是美国作曲家约翰·威廉姆斯于1977年创作的。作为一个时代的标志，《星球大战》是一个将视觉和听觉相结合的典范。这首作品采用交响乐队配乐，乐曲开始由铜管乐器和三角铁等打击乐器奏出节奏音型，此后小号号角般地吹出了主题，在向观众展示星际的绚烂和浩瀚的同时，也成功地烘托出人物的性格特征。

　　《艾米莉的华尔兹》是电影《天使艾米莉》片尾曲，由法国作曲家扬·提尔森在2001年的电影《天使艾米莉》为主人公艾米丽量身定制的一首音乐。该乐曲充满了浓郁的法兰西风情。手风琴在开始奏出几个单音，随后主题伴随着固定节奏型出现。华尔兹的舞蹈节奏配合着手风琴充满律动的演奏，使得音乐具有强烈的动感。

测评案例（六）

一、单项选择题

1. 《怀念战友》是电影《冰山上的来客》的插曲，由赵心水和雷振邦作词、雷振邦作曲，发行于（　　）年。
    A. 1963　　　　B. 1964　　　　C. 1965　　　　D. 1966
2. 《百鸟朝凤》是电影《百鸟朝凤》的配乐，由张大龙作曲，其体裁是（　　）。
    A. 二胡协奏曲　　B. 唢呐协奏曲　　C. 古琴曲　　　　D. 古筝曲
3. 《大宅门》是电视剧《大宅门》的主题歌，作曲者是（　　）。
    A. 易茗　　　　B. 赵季平　　　C. 张大龙　　　D. 赵心水
4. 《星球大战》是电影《星球大战》的主题曲，是由美国作曲家约翰·威廉姆斯于（　　）年创作的。
    A. 1974　　　　B. 1975　　　　C. 1976　　　　D. 1977
5. 《艾米莉的华尔兹》是电影《天使艾米莉》的片尾曲，由法国作曲家扬·提尔森于（　　）年为电影《天使艾米莉》女主角所作。
    A. 2001　　　　B. 2002　　　　C. 2003　　　　D. 2004

二、多项选择题

1. 《怀念战友》与《大宅门》分别是电影（　　）的插曲和电视剧（　　）的插曲。
    A. 《冰山上的来客》　　　　　B. 《天使艾米莉》
    C. 《大宅门》　　　　　　　　D. 《百鸟朝凤》
2. 《百鸟朝凤》是电影（　　）的配乐，是由（　　）创作的一首唢呐协奏曲。
    A. 《冰山上的来客》　　　　　B. 张大龙
    C. 赵季平　　　　　　　　　　D. 《百鸟朝凤》
3. 《星球大战》是电影《星球大战》的主题曲，由（　　）作曲家约翰·威廉姆斯于（　　）年创作。
    A. 美国　　　　B. 德国　　　　C. 1977　　　　D. 1976

答案请扫码查看

第七单元　舞动心弦——舞蹈音乐

第十三节　中国舞蹈音乐

教学目标

（1）审美感知。欣赏《阿细跳月》《快乐的女战士》《伎乐天》，初步认识舞蹈音乐的艺术特征，知道舞蹈音乐的产生、发展的历史沿革及其主要代表人物。

（2）文化理解。初步认识舞蹈音乐、舞剧音乐的区别以及舞蹈与音乐的关系；掌握必要的鉴赏舞蹈音乐的知识。

课程内容

《阿细跳月》是彝族具有代表性的民族民间舞蹈，源于云南弥勒阿细人聚居区，因多在月光下、篝火旁起舞，故名"阿细跳月"。阿细跳月也是彝族青年男女社交娱乐的方式。男舞者弹大三弦或吹笛子，女子合着节拍与男子对舞，或者牵手围圈，左右摆动，拍掌踹脚，旋转而舞。"阿细跳月"舞蹈在音乐上最突出的特点在于节拍是"3+2"的五拍子，切分节奏的运用增加了舞蹈的动感。

《快乐的女战士》选自芭蕾舞剧《红色娘子军》，是由杜鸣心、王燕樵、戴宏威与施万春共同创作而成的舞蹈音乐。《快乐的女战士》选自舞剧第四场中的一段群舞音乐。乐曲具有海南岛黎族音乐的特点，欢快活泼、优美抒情的旋律，展现了红军女战士朝气蓬勃的形象。

《伎乐天》选自芭蕾舞剧《敦煌梦》第一组曲，由黄安伦作曲。芭蕾舞剧《敦煌梦》第一组曲创作于1979年，由五个乐章组成。《伎乐天》出现在舞剧的第三幕，描写的是一对年轻艺术家为寻求艺术与爱情的真谛，在沙漠中历尽艰险，终于在"伎乐天"——古代持乐器的飞天女神的帮助下到达莫高窟得偿所愿。《伎乐天》的音乐采用古琴曲《潇湘水云》的音调，以现代作曲技法加以创作，具有神秘的东方神韵和民族气息。

第十四节　外国舞蹈音乐

教学目标

（1）审美感知。聆听《自由探戈》《西班牙舞曲》《小步舞曲》，感受、体验其音乐风格特点，掌握其不同的音乐节奏特征以及形成作品的素材来源。

（2）文化理解。了解以上舞曲的来源、发展与社会价值以及对音乐发展的影响，学习掌握"芭蕾舞剧"等基础知识；了解柴可夫斯基、皮亚佐拉、博凯里尼、马友友等音乐家对舞蹈音乐的社会贡献。

课程内容

《自由探戈》是阿根廷作曲家皮亚佐拉在20世纪70年代为电影《探戈课》所作的主题曲。《自由探戈》作为二重奏改编的曲目，整个乐曲的结构为固定的低音六部变奏曲式，旋律跌宕起伏，节奏充满动感，具有典型的探戈舞曲的风格特点。由皮亚佐拉和马友友等人演奏的《自由探戈》是较为经典的版本。

《小步舞曲》是意大利作曲家博凯里尼所作，这首乐曲为三段式结构，旋律优美，节奏明快。曲中运用了较多的切分音、装饰音和颤音，因而增添了全曲活泼、轻快的气氛，给人们勾画出一幅生动的宫廷舞画面。

《西班牙舞曲》选自芭蕾舞剧《天鹅湖》，由俄国作曲家柴可夫斯基所作。这首乐曲出现在芭蕾舞剧《天鹅湖》的第三幕。在王后为王子安排的挑选新娘的舞会上，妖魔和女儿及其随从闯了进来，他们扮作外国客人，在妖魔斗篷的挥舞下，表演了各种民族风格的舞蹈。其中包括匈牙利、西班牙、那不勒斯和波兰的舞蹈，每一段舞蹈音乐各有其民族特点。这段音乐富有浓厚的西班牙民族风味，特别是西班牙响板的运用及独特的节奏，使得音乐更具民族特色。音乐的A段热情奔放、气氛热烈，B段则充满了歌唱性和旋律性。

测评案例(七)

一、单项选择题

1. 《阿细跳月》是哪个民族具有代表性的民族民间舞蹈?( )
   A. 侗族　　　　B. 汉族　　　　C. 彝族　　　　D. 白族
2. 《自由探戈》是电影《探戈课》的主题曲,曲作者是( )。
   A. 皮亚佐拉　　B. 柴可夫斯基　C. 约翰·威廉姆　D. 海顿
3. 《西班牙舞曲》选自芭蕾舞剧《天鹅湖》的( )。
   A. 第一幕　　　B. 第二幕　　　C. 第三幕　　　D. 第四幕
4. 《小步舞曲》的曲作者是意大利作曲家博凯里尼,其曲式结构是( )。
   A. 一段式结构　B. 二段式结构　C. 三段式结构　D. 四段式结构
5. 《伎乐天》选自芭蕾舞剧( )第一组曲。
   A. 《自由探戈》　　　　　　　B. 《敦煌梦》
   C. 《红色娘子军》　　　　　　D. 《快乐的女战士》
6. 《快乐的女战士》选自芭蕾舞剧《红色娘子军》,其曲作者是( )。
   A. 黄安伦　　　B. 王燕樵　　　C. 杜鸣心　　　D. 戴宏威

二、多项选择题

1. 《阿细跳月》是( )具有代表性的民族民间( )。
   A. 彝族　　　　B. 傣族　　　　C. 歌舞　　　　D. 说唱
2. 《快乐的女战士》与《伎乐天》分别选自哪部芭蕾舞剧?( )
   A. 《红色娘子军》B. 《自由探戈》　C. 《天鹅湖》　D. 《敦煌梦》
3. 《小步舞曲》和《西班牙舞曲》的作者分别是( )。
   A. 意大利作曲家博凯里尼　　　B. 俄国作曲家柴可夫斯基
   B. 德国作曲家柴可夫斯基　　　D. 阿根廷作曲家皮亚佐拉

答案请扫码查看

第八单元　异域风情——世界民族音乐

第十五节　亚洲与非洲音乐

教学目标

（1）审美感知。欣赏两首有代表性的亚洲与非洲传统音乐，引导学生感受、体验亚洲与非洲传统音乐的风格特征；初步认识印度萨朗吉与非洲鼓乐的音乐特点。

（2）文化理解。初步了解亚洲与非洲音乐的概况，知道亚洲、非洲音乐文化与地理、经济、民族、宗教等因素的密切关系。

课程内容

《欢迎》是印度拉贾斯坦邦的一首著名民间乐曲。此曲用萨朗吉演奏，伴以鼓和笛子等乐器。萨朗吉是一种印度民间乐器，被称为"印度的小提琴"，音色柔美、抒情，善于模仿人声。

《鼓舞》（片段）是布隆迪民间舞曲，这是布隆迪圣鼓表演的片段。在布隆迪，圣鼓象征着国王的权力，象征皇族的正统与种族的延续。圣鼓是在特定的场合表演的一种鼓乐，如国王加冕时，或播种季节来临时进行表演。圣鼓表演时，首席鼓手以有力的身体动作，带领众鼓手敲击出洪亮的、富有震撼性的鼓声。

第十六节　欧洲与拉丁美洲音乐

教学目标

（1）审美感知。欣赏欧洲与拉丁美洲民间音乐，引导学生感受、体验其风格特征；初步认识风笛和排箫这两种乐器及其音色特点。

（2）文化理解。初步知道欧洲民间音乐与欧洲专业音乐之间的密切联系；了解拉丁美洲音乐是三种音乐风格（欧洲音乐、印第安音乐和非洲音乐）的融合。

> 课程内容

《优雅》是苏格兰著名的风笛曲，旋律采用五声音阶，气势宏伟又不失优雅。风笛是一种流行于欧洲各国的民间乐器。风笛源自亚洲，现今风行欧洲。它由一个气袋和带有簧管、旋律管与一根或多根持续音管组成。用嘴吹，也可同时用气袋供气。其特点是可以持续、不间断地发音。

风笛分为爱尔兰风笛和苏格兰风笛。苏格兰风笛的发音粗犷有力、音色嘹亮，可吹出各种装饰音，适于表现英雄气概。爱尔兰风笛不用嘴吹，发音柔和，适于抒情。

《告别》是秘鲁民间器乐合奏曲，采用五声音阶，乐句多下行进行。使用排箫、盖那笛、恰朗戈等民族乐器演奏。排箫是安第斯高原最古老的乐器之一，形制和演奏技法多样。盖那笛是一种竖笛，恰朗戈是一种高音弹拨乐器。乐曲旋律优美、气势雄浑，表现了印第安人在集会之后、临行之前告别时的情景。

测评案例（八）

一、单项选择题

1. 《欢迎》是印度拉贾斯坦邦的一首著名民间乐曲，其演奏乐器是（　　）。
   A. 萨朗吉　　　　B. 吉他　　　　C. 马头琴　　　　D. 布隆迪圣鼓

2. 《优雅》是苏格兰著名的风笛曲，旋律采用了几声音阶？（　　）
   A. 四声音阶　　　B. 五声音阶　　C. 六声音阶　　　D. 七声音阶

3. 《告别》是哪个国家民间器乐合奏曲？（　　）
   A. 印度　　　　　B. 秘鲁　　　　C. 泰国　　　　　D. 布隆迪

4. 《鼓舞》（片段）是（　　）民间舞曲，圣鼓象征着国王的权力，象征皇族的正统与种族的延续。
   A. 印度　　　　　B. 秘鲁　　　　C. 泰国　　　　　D. 布隆迪

二、多项选择题

1. 《欢迎》和《鼓舞》德演奏乐器分别是什么？（　　）
   A. 萨朗吉　　　　B. 风笛　　　　C. 布隆迪圣鼓　　D. 盖那笛

2. 《优雅》和《告别》共同使用的是几声音阶？（　　）他们的伴奏乐器是什么？（　　）
   A. 五声音阶　　　　　　　　　　B. 七声音阶
   C. 排箫、盖那笛、恰朗戈　　　　D. 风笛

答案请扫码查看

第九单元　文人情致

第十七节　高山流水志家国

教学目标

（1）审美感知。欣赏两首古琴曲——《高山流水》和《广陵散》，引导学生感受、体验古琴曲的风格特征；初步学习我国古代音乐概况和古琴的知识。

（2）文化理解。通过了解古琴曲和古琴文化，让学生知道我国古代音乐文化的博大精深，培养学生热爱民族音乐、弘扬民族音乐文化的思想感情。

课程内容

《广陵散》又名《广陵止息》，是我国现存的古老琴曲之一，内容描写的是战国时期工匠之子聂政为父报仇刺杀韩王的故事。乐曲曲调优美、变化丰富，是叙事性的大型琴曲。全曲共四十五段，表现了聂政从怨恨到愤慨的情感变化过程，深刻地刻画出他不畏强暴、宁死不屈的意志，具有磅礴的气势、庞大的结构和独特的风格，是中华民族古老的音乐文化瑰宝。

《流水》是我国最古老的琴曲之一（后世分为《高山》《流水》二曲）。相传战国时（公元前3世纪）伯牙鼓琴，子期知音，所奏即为此曲。琴谱源于《神奇秘谱》，经清代琴家加工，刊于《天闻阁琴谱》。乐曲结构为民族传统的"起、承、转、合"式，通过对山泉、小溪、江河、湖海的描绘，抒发了对大自然壮丽河山的赞颂，隐喻开阔的胸襟和百折不回的精神。

第十八节　西出阳关无故人

教学目标

（1）审美感知。聆听《阳关三叠》和《扬州慢》，感受、体验其音乐情绪、音乐风格，认识其所反映的历史现象、音乐内容与作品的艺术价值；初步掌握有关中国古代艺术歌曲的基础知识。

（2）艺术表现。通过对歌曲《阳关三叠》的哼唱，探究段落重复的遍数以及音乐情绪的变化，在实践过程中体会古代歌曲的韵味。

（3）文化理解。通过了解古代歌曲，让学生知道我国古代音乐文化的博大精深，培养学生热爱民族音乐、弘扬民族音乐文化的思想感情。

课程内容

《阳关三叠》是唐代一首著名的琴歌。其歌词原是王维的七言律诗《送元二使安西》。因诗中有"阳关"与"渭城"两个地名，所以得名《阳关曲》或《渭城曲》；又因其曲式有"三叠"的结构，所以又称为《阳关三叠》。

《阳关三叠》是古代文人有感于一位从军朋友的别离之情而写的琴歌，含蓄地反映了人民在不合理的征戍徭役制度压迫下的哀怨情绪。全曲分三大段，基本上用一个曲调反复变化，迭唱三次。这首琴歌的音调纯朴而富有激情，特别是后段"遄行，遄行"等处的八度大跳，以及"历苦辛"等处的连续反复陈述，情意真切，激动而沉郁，充分表达出作者对即将远行的友人那种无限关怀、留恋的诚挚情感。1954 年，王震亚将此曲改编为合唱曲。

《扬州慢》是南宋著名文学家、音乐家姜夔的代表词作，出自他的《白石道人歌曲集》中，由杨荫浏译谱。全词分上下阕。两阕的写作手法都是用昔日扬州城的繁荣兴盛景象对比作者眼前扬州城的凋残破败惨状，写出了战争给扬州城带来的灾难。歌曲是宫调式，音调质朴，富于激情，行腔自然，结构严谨。

测评案例（九）

一、单项选择题

1. 《广陵散》又名（　　），是我国现存的古老琴曲之一。
   A. 《琴操》　　　B. 《琴曲》　　　C. 《广陵止息》　　　D. 《溪山琴况》
2. 《阳关三叠》是（　　）时期的一首著名的琴歌。
   A. 汉朝　　　　B. 两晋　　　　C. 唐朝　　　　D. 明朝
3. 《扬州慢》是南宋代著名文学家、音乐家（　　）的代表词作。
   A. 姜夔　　　　B. 李白　　　　C. 杜牧　　　　D. 王维
4. 《高山流水》是我国最古老的琴曲之一。琴谱源于（　　）。
   A. 《溪山琴况》　　　　　　　B. 《白石道人歌曲集》
   C. 《天闻阁琴谱》　　　　　　D. 《神奇秘谱》

二、多项选择题

1. 《广陵散》又名（　　），是我国现存的古老的（　　）曲。
   A. 《广陵止息》　B. 二胡曲　　　C. 古琴曲　　　D. 《渭城曲》
2. 《阳关三叠》又叫（　　）与（　　），是唐代一首著名的（　　）。
   A. 琴曲　　　　B. 琴歌　　　　C. 《阳关曲》　　　D. 《渭城曲》
3. 《扬州慢》是南宋著名文学家、音乐家（　　）的代表词作，收录在他的（　　）中。
   A. 姜夔　　　　　　　　　　　B. 王维
   C. 《白石道人歌曲集》　　　　D. 《溪山琴况》

答案请扫码查看

第十单元　新音乐初放

第十九节　学堂乐歌

教学目标

（1）审美感知与艺术表现。初步了解这些歌曲的创作特点，并尝试编创类似歌曲。

（2）文化理解。聆听《黄河》《祖国歌》《春游》和《西风的话》，感受、体验歌曲表达的情感，认识、了解这些歌曲的内容及所反映的时代思想；认识、了解20世纪初"学堂乐歌"对我国近代音乐所产生的影响和作用，并清楚其重要意义；了解沈心工、李叔同、萧友梅、黄自的生平、代表作及其在我国音乐发展史上的贡献。

课程内容

《黄河》是1905年沈心工以杨度的词所作的一首歌曲，是我国国人最早创作的自度曲之一。其歌词蕴含着浓烈的爱国主义思想，旋律借鉴西洋作曲技术进行写作，开创了中国新音乐创作的先河，推动了学堂乐歌的发展。

《祖国歌》是1902年由李叔同所作，其旋律运用了民间乐曲《老六板》，是学堂乐歌的代表作之一。

《春游》是1913年李叔同以笔名"息霜"创作并发表的第一首合唱歌曲。歌曲将淳朴自然的音乐与清丽淡雅的歌词完美结合，成为学校合唱歌曲的典范。《春游》入选"二十世纪华人音乐经典"。

《问》是1921年左右由萧友梅作曲、易韦斋作词的歌曲，于1922年发表于萧友梅的第一本歌曲集《今乐初集》之中。此歌以舒缓的慢板、发散的音型、含蓄的旋律唱出了对当时内忧外患、国家沉沦的忧虑感慨之情。

《西风的话》是由廖辅叔作词、黄自谱曲作于20世纪30年代的歌曲，最早收录于20世纪30年代中学音乐教材《复兴初级中学音乐教科书》。

第二十节 人民音乐家

教学目标

（1）审美感知。聆听《金蛇狂舞》，感受、体验其音乐情绪，认识、了解音乐在创作手法上的一些特点，体会乐曲的风格特点；聆听史诗性的大型声乐套曲《黄河大合唱》，感受、体验其深厚的音乐情绪与情感以及强大的艺术感染力；认识、了解音乐中丰富的声乐表现形式、鲜明的音乐形象、突出的音乐特点，进而认识这部作品伟大的艺术价值和社会价值。

（2）文化理解。在感受、体验、理解音乐作品的基础上，认识、了解人民音乐家聂耳、冼星海，知道他们的生平及其代表作品，了解他们在中国现代音乐史上的地位与贡献。

课程内容

《金蛇狂舞》是1934年作曲家聂耳根据传统乐曲《倒八板》改编创作的一首民族器乐合奏曲。乐曲表现了南方人民在节日的夜晚赛龙船的热烈场景和欢腾情绪。

《黄河大合唱》由光未然（原名张光年）作词、冼星海作曲，是一部史诗性的大型声乐套曲，共有九个乐章，以朗诵词和乐队音乐加以贯穿，分别是《序曲》（管弦乐）、《黄河船夫曲》（合唱）、《黄河颂》（男生独唱）、《黄河之水天上来》（配乐诗朗诵）、《黄水谣》（女生合唱）、《河边对口曲》（对唱、轮唱）、《黄河怨》（女声独唱与合唱）、《保卫黄河》（齐唱、轮唱）、《怒吼吧！黄河》（混声合唱），全曲主要建立在力量、崇高、苦难三个主题上。1939年4月13日在延安首演，歌曲慷慨激昂，在中国抗日战争时起到鼓舞作用。这部作品以黄河为背景，热情歌颂中华民族源远流长的光荣历史和中国人民坚强不屈的斗争精神，痛诉侵略者的残暴和人民遭受的深重灾难，并向全中国、全世界发出了民族解放的战斗警号，从而塑造起中华民族巨人般的英雄形象。《黄河大合唱》自始至终充满激动人心的力量和雄伟深厚的气魄。

测评案例（十）

一、单项选择题

1. 《黄河》是（　　）年沈心工创作的一首歌曲。
   A. 1905　　　　B. 1906　　　　C. 1907　　　　D. 1908
2. 《黄河大合唱》由光未然（原名张光年）作词、冼星海作曲，是一部史诗性的大型声乐套曲，共有几个乐章？（　　）
   A. 5个乐章　　B. 6个乐章　　C. 7个乐章　　D. 8个乐章
3. 《祖国歌》是1902年由（　　）所作。
   A. 曾志忞　　　B. 沈心工　　　C. 李叔同　　　D. 青主
4. 《问》于1921年由（　　）作曲、易韦斋作词。
   A. 曾志忞　　　B. 萧友梅　　　C. 李叔同　　　D. 青主
5. 《西风的话》是由廖辅叔作词、（　　）谱曲。
   A. 黄自　　　　B. 萧友梅　　　C. 李叔同　　　D. 青主
6. 《金蛇狂舞》是（　　）年作曲家聂耳根据传统乐曲《倒八板》改编创作的一首民族器乐合奏曲。
   A. 1932　　　　B. 1933　　　　C. 1934　　　　D. 1935

二、多项选择题

1. 下列选项中属于学堂乐歌的是（　　）。
   A. 《黄河》　　B. 《问》　　　C. 《西风的话》　D. 《祖国歌》
2. 《黄河大合唱》由光未然（原名张光年）作词、（　　）作曲，是一部史诗性的大型声乐套曲，共有（　　）个乐章。
   A. 七　　　　　B. 聂耳　　　　C. 八　　　　　D. 冼星海
3. 下面哪些是萧友梅和李叔同所作的学堂乐歌（　　）。
   A. 《祖国歌》　B. 《黄河》　　C. 《春游》　　D. 《问》

答案请扫码查看

第十一单元　光荣与梦想

第二十一节　峥嵘岁月

教学目标

（1）审美感知。聆听《血战湘江》《忆秦娥·数山关》《山丹丹开花红艳艳》《你是这样的人》，感受、体验音乐的情绪和情感；在感受、体验音乐的基础上，认识和理解音乐要素在表达音乐情感和思想内涵、塑造音乐形象、形成音乐风格等方面所起的作用，体验音乐语言所带来的感受。

（2）文化理解。认识音乐所反映的时代特点和社会内容，了解音乐的艺术价值和社会价值。

课程内容

《血战湘江》是交响套曲《长征》的第二乐章，为纪念红军长征胜利80周年，作曲家张千一创作的大型交响套曲。《长征》于2016年10月12日在国家大剧院首演。这部作品由《送亲人》《血战湘江》《山歌情》《征途》《勇士飞夺泸定》《彝海情深》《雪山草地》《红军到咱羌寨来》《大会师》等九个乐章组成，展示了长征这一伟大的历史画卷。第二乐章《血战湘江》通过音乐的节奏、变换的节拍、尖锐的音响描绘了战争的惨烈场景，表现了红军战士为了革命理想信念视死如归的战斗精神。

《忆秦娥·娄山关》是陆祖龙根据毛泽东1935年所作的诗词《忆秦娥·娄山关》谱曲而成。1935年遵义会议后，毛泽东指挥红军转回贵州攻打黔军，抢占娄山关，歼敌两个师，取得长征途中的第一个大胜利。《忆秦娥·娄山关》音乐为A大调，歌曲内重音、三连音、附点节奏、同音反复等手法的运用，加之不断变化力度，使音乐情绪静谧而不失激昂，坚定而不失悠扬。

《山丹丹开花红艳艳》是李若冰、关鹤岩、徐锁和冯福宽作词，刘烽编曲，根据陕北信天游音调改编而成的一首歌曲。旋律采用陕北高腔的音调，激越高亢、明亮而宽广，迸发出朴素真挚的情感。这首歌唱出了陕北人民对红军到来时的激动与期盼，展示了一幅动人的历史画卷，反映出当时人们乐观向上的精神面貌。

《你是这样的人》是电视纪录片《百年恩来》的主题歌，由宋小明作词、三宝谱曲。歌曲是为纪念周总理诞辰一百周年而作，旋律朴实、动人，情感含蓄、深沉，令人荡气回肠。

第二十二节　共筑中国梦

教学目标

（1）审美感知。在感受、体验、了解歌曲的基础上，综合本单元所欣赏的不同题材、不同风格以及不同表现形式的歌曲，了解和掌握艺术歌曲和群众歌曲的基础知识。

（2）文化理解。聆听《春天的故事》《御风万里》与《光荣与梦想》，感受体验音乐情绪和音乐风格，了解音乐创作的背景以及音乐所反映的时代特点和社会内容，认识作品的艺术价值和社会价值；了解我国当代音乐创作的概况，引申了解中国改革开放以来的重大历史进程，认识和了解音乐作品所反映的时代特点、社会内容和民族精神，理解音乐与社会生活的关系。

课程内容

《春天的故事》是一首民族风格浓郁的叙事歌曲，由叶旭全、蒋开儒作词，王佑贵作曲。全曲以深厚的寓意、优美的旋律和独特的艺术表现手法，讲述了亿万中国人民在邓小平理论的指导下，满怀信心地走上改革开放的道路，中华大地发生历史性巨变的传奇故事。这首歌曲记录了中国改革开放的历史进程，是改革开放标志性、代表性歌曲，打上了鲜明的时代烙印，曾荣获中宣部"五个一工程"奖、中国音乐"金钟奖"等奖项。

《御风万里》是郭文景作曲的一首交响序曲。该作品是应中华人民共和国香港特别行政区"庆委会"之约而作，于1997年7月1日在香港首演。乐曲从激情奔涌的快板开始，表现中国人民振奋和喜悦的情绪，如浩荡之风在祖国的万里长空飞扬。中段的慢板，用复调手法将汉族、藏族、蒙古族等民歌音调融为一体，表现五十六个民族间的团结和睦。

《光荣与梦想》是赵霖作曲的一首合唱曲，为进行曲风格。节奏铿锵有力，附点音符、三连音及弱起节拍带来很强的推动感，表现出全国人民在党的领导下凝聚决心和力量，为实现中华民族伟大复兴的中国梦而昂扬奋进。

测评案例（十一）

一、单项选择题

1. 《血战湘江》选自交响套曲《长征》的（　　）。
   A. 第一乐章　　　B. 第二乐章　　　C. 第三乐章　　　D. 第四乐章
2. 交响序曲《御风万里》的曲作者是（　　）。
   A. 郭文景　　　　B. 赵霖　　　　　C. 李若冰　　　　D. 陆祖龙
3. 《春天的故事》是一首民族风格浓郁的叙事歌曲，由叶旭全、蒋开儒作词，（　　）作曲。
   A. 郭文景　　　　B. 赵霖　　　　　C. 王佑贵　　　　D. 陆祖龙
4. 《忆秦娥·娄山关》音乐为（　　），歌曲内运用了重音、三连音、附点节奏、同音反复等手法。
   A. G大调　　　　B. A大调　　　　C. D大调　　　　D. F大调
5. 《山丹丹开花红艳艳》是李若冰、关鹤岩、徐锁和冯福宽作词，刘烽编曲，根据（　　）音调改编的一首歌曲。
   A. 信天游　　　　B. 花儿　　　　　C. 山曲　　　　　D. 爬山调
6. 《你是这样的人》是电视纪录片（　　）的主题歌。
   A. 《血战湘江》　B. 《长征》　　　C. 《大宅门》　　D. 《百年恩来》

二、多项选择题

1. 《血战湘江》选自交响套曲《长征》的（　　），由（　　）部作品组成。
   A. 第一乐章　　　B. 第二乐章　　　C. 七　　　　　　D. 九
2. 郭文景创作的《御风万里》是一首（　　），该作品是应中华人民共和国香港特别行政区"庆委会"之约而作，于（　　）在香港首演。
   A. 声乐套曲　　　B. 交响序曲　　　C. 1997年7月1日　D. 1998年7月1日
3. 《忆秦娥·娄山关》与《山丹丹开花红艳艳》的作曲家分别是（　　）。
   A. 郭文景　　　　B. 赵霖　　　　　C. 刘烽　　　　　D. 陆祖龙

答案请扫码查看

第十二单元 复调音乐的巡礼

第二十三节 巴赫

教学目标

（1）审美感知。感知复调音乐与主调音乐的异同；了解复调音乐的基本写作手法，分辨乐曲中几种主奏乐器的音色，并能够感知伴奏声部通奏低音的音响效果；感受巴赫既华丽又质朴、既灵活又简洁的音乐风格。

（2）艺术表现。唱会、唱熟第一乐章主题，能够分辨高音小号、竖笛（或直笛）、双簧管小提琴的音色，能在音乐快速行进中将它们分辨出来；运用对比聆听、学唱主题、分析探究、观看视频的方法，有鉴别地学习音乐。

（3）文化理解。《勃兰登堡协奏曲》以活泼的气氛为背景，充分表现了作为社交音乐的特点，了解造成其散发真挚情感和强大感染力的原因；理解歌德对巴赫的评价："我好像没有了耳更没有了眼，没有了其他感官，而且我不需要用它们，内在自有一股律动，源源而出"。

课程内容

《勃兰登堡协奏曲》（第二分曲）是德国作曲家巴赫所作的协奏曲。巴赫一共创作了六首《勃兰登堡协奏曲》，这是第二首。这首协奏曲用四件独奏乐器而作：小号、竖笛、双簧管和小提琴，再加上两把小提琴、两把中提琴、一把大提琴和一把低音提琴，以及一架拨弦古钢琴组成的伴奏组。特别要提及的是，当时乐队中的小号手使用的是"尖声小号"，声音威武嘹亮，用现在的标准小号很难复制这种音色。

在巴赫的手稿中，《勃兰登堡协奏曲》的第一乐章，有约三分之二没有速度标记，这一首便是如此。但是，根据巴洛克时期的主要音乐特征，我们可以清楚地知道，巴赫设想的速度是轻快的快板乐曲。号角性格的乐句，多由小号吹奏，但巴赫却先让其他独奏乐器——竖笛、双簧管、小提琴，以及伴奏乐器组演奏，然后才由小号吹奏。简短而生动的独奏、二重奏、三重奏，彼此关联。

　　第二乐章的速度是行板，没有小号声部，只有小提琴、双簧管和竖笛依次奏出沉思、环绕的旋律，加上拨弦古钢琴和大提琴的伴奏，乐曲亲切而含蓄。

　　最后一个乐章，速度为 Allegro assai（快速地演奏）。主题先在小号的嘹亮声音中出现，其他乐器依次奏出主题，每件乐器都有自己的轨迹。轨迹相似，但又不完全相同，相互结合为一个整体。

第十三单元　古典音乐的殿堂

第二十四节　莫扎特

教学目标

（1）审美感知。聆听歌剧《费加罗的婚礼》序曲，感受其音乐欢欣畅快、朝气明朗、感情真挚、洋溢青春活力，体会内容和形式的完美统一；感受莫扎特音乐的风格特点。

（2）艺术表现。运用多种方法对各段音乐主题进行体验与表现，感知调式、音程、速度、力度等音乐要素在树立音乐形象、传递情绪情感方面的作用；唱会各段音乐主题，为完整欣赏全曲做好铺垫与准备。

（3）文化理解。体会莫扎特将生活的深刻性与音乐的美好相结合，使其作品具有率真气质。

课程内容

《序曲》选自歌剧《费加罗的婚礼》，由奥地利作曲家莫扎特所作。莫扎特是维也纳古典乐派代表人物之一，他的创作体裁广泛，在交响曲、歌剧、室内乐及钢琴协奏曲等方面都有名篇佳作存世。

《费加罗的婚礼》是莫扎特歌剧代表作之一，完成于 1786 年。《序曲》篇幅不长，在结构上由省略了展开部的奏鸣曲式写出，是音乐会上常见的经典曲目。音乐体现了莫扎特创作中常见的欢快、辉煌、充满生机的风格特点。

第二十五节　贝多芬

教学目标

（1）审美感知。通过聆听《第九（合唱）交响曲》第四乐章，感知节奏、力度、音色等音乐要素在音乐中的作用；感受不同段落的音乐情绪，以及欧洲古典主义音乐的特点。

（2）艺术表现。通过聆听、学唱（视唱或哼唱音乐主题）、挥拍（指挥或挥出旋律线）、描画主题片段、出示总谱等方式，探究《第九（合唱）交响曲》第四乐章主题的呈现方式及其音乐特点；能够通过对音乐主题的体验、分析、欣赏，积累鉴赏大型音乐作品的经验与方法；唱会第四乐章音乐主题，感知节奏、力度、音色等音乐要素的变化在表达音乐内在情感中的作用。

（3）文化理解。感受《第九（合唱）交响曲》第四乐章振聋发聩、激越动人的音乐，使学生的情感世界得到熏陶与感染，能够在潜移默化中建立起对他人、对人类一切美好事物的挚爱之情；能对其艺术价值及其现实意义有所认同与思考；在体验、学习的同时，感悟贝多芬对维也纳古典主义音乐的继承与创新。

课程内容

《第九（合唱）交响曲》（第四乐章）是德国作曲家贝多芬完成于1823年的作品，是贝多芬晚期代表作，也是贝多芬创作高峰期的总结。

在作品的第四乐章中，以德国诗人席勒的诗作《欢乐颂》为歌词，贝多芬创造性地使用了人声合唱和独唱。交响曲前三个乐章中的主题依次在第四乐章中出现，展现了作曲家寻求真理 的心路历程。最后，作曲家终于找到理想的目标——"欢乐"主题。最初，这个主题由大提琴和低音提琴奏出来。之后，音量逐渐扩大，推向高潮，由合唱唱出："欢乐女神圣洁美丽，灿烂光芒照大地，我们心中充满热情来到你的圣殿里。你的力量能使人们消除一切分歧，在你光辉照耀下人人团结成兄弟。"音乐经过漫长的发展，最后速度加快，乐队与合唱怀着极度兴奋赞颂欢乐，交响曲在歌颂全人类团结友爱的欢呼声中结束，表现出贝多芬理想主义的梦想——全人类的自由和解放、胜利和欢乐、团结和友爱。复杂的时代环境、个人的痛苦经历，铸造了贝多芬独特的音乐性格：充满矛盾、激烈冲突的戏剧性和勇往直前、热情澎湃的英雄性。"自由和进步"是贝多芬终生追求的艺术与人生目标。可以说，象征着力量、意志、壮美、崇高精神的贝多芬音乐至今仍震撼人心。

第十四单元　自由幻想的浪漫乐派

第二十六节　舒伯特

教学目标

（1）审美感知。聆听艺术歌曲《鳟鱼》，感受其词曲的配合，理解音乐与歌词所描绘情景之间关系；感受舒伯特艺术歌曲的风格特点。

（2）艺术表现。通过演唱《鳟鱼》，关注歌曲的旋律、调式与和声色彩、伴奏、音乐情绪等之间的关系，较深入地感受、体验浪漫主义艺术歌曲的表现形式。在教学条件允许的情况下，可以分组演唱并加上钢琴伴奏，甚至可以设置表演唱环节。

（3）文化理解。可以从艺术歌曲的创作角度来理解音乐与文学的关系；联系时代背景和舒伯特的个人境遇，尝试体会和理解舒伯特看中舒巴尔特的这首诗歌并为之谱曲的原因。

课程内容

《鳟鱼》是舒伯特于1817年夏天写成的一首艺术歌曲，歌词取材于诗人舒巴尔特的一首浪漫诗。《鳟鱼》的音乐形象鲜明、生动，整体气氛轻松、活跃。当渔夫搅浑河水时，舒伯特采用了较为阴暗、压抑的小调，使歌曲色彩暗淡下来。在鳟鱼被钓起，主人公心情激动之后，音乐很快又回到了原来的大调。歌曲开始六小节的前奏，形象地描绘了潺潺流水以及鳟鱼在河水里游动的情景。作者通过对情景的音乐描绘，表达了他对那个时代和社会中受到欺骗的弱者的同情。

第二十七节　肖邦

> **教学目标**

（1）审美感知。聆听《降b小调夜曲》，感受浪漫主义的艺术特点。从旋律、和声、织体、调式等方面来体验音乐情感的起伏，了解肖邦钢琴音乐创作的风格特点。

（2）艺术表现。哼唱《降b小调夜曲》的音乐主题，在音乐实践的过程中，尝试在演奏中进一步体验与感知浪漫主义音乐的风格特征和艺术表现力。

（3）文化理解。通过学习和聆听，在查找资料的基础上，理解肖邦所处的时代环境，通过阅读肖邦个人传记，尝试理解肖邦音乐创作的时代环境与个人境遇。

> **课程内容**

《降b小调夜曲》是肖邦于1830—1831年所作的一首夜曲。该曲的结构为三部曲式，旋律优美平静且具有强烈的抒情性和叙事性。作品中多处采用华丽乐句来发展乐思。装饰音的加入不仅表达了肖邦细腻的情感，也使得整首作品更加华美而富有诗意。

第二十八节　柏辽兹

> **教学目标**

（1）审美感知。聆听柏辽兹的《幻想交响曲》，感受其浪漫主义的艺术特点。从旋律发展、和声、曲式、织体等创作技术构成中选择几个层面，来感受、体验作品的音乐情绪，联想或想象音乐作品的艺术形象；初步感受柏辽兹标题音乐创作的艺术风格特点。

（2）艺术表现。演唱或演奏《幻想交响曲》的几个音乐主题，教学条件允许的情况下，可以在播放音乐的过程中，将标题音乐的故事情节分角色表演出来。

（3）文化理解。通过学习和聆听，在查找资料的基础上，理解标题音乐与作曲家本人创作意图之间的关系，体会浪漫主义自传式艺术创作的内涵，尝试比较浪漫主义音乐与巴洛克音乐、古典主义音乐在文化追求上的不同。

课程内容

《幻想交响曲》（第二乐章）是柏辽兹于1830年所作的著名交响乐作品，其丰富的想象力和新颖的构思充分显示了浪漫主义音乐的特色。《幻想交响曲》还有一个副标题——"一个艺术家的生活片段"，这个"艺术家"实际上就是作曲家自己，因而这是一部自传式的标题交响曲。

柏辽兹采用的"固定乐思"手法，是标题音乐中的一种重要表现手法。它代表某个人物或某种思想感情，并在音乐的发展过程中进行种种不同的变化，以适应其文学性、戏剧性内容的环境变化和情节发展。交响曲的五个乐章都有各自的小标题，分别是《梦幻与热情》《舞会》《田野景色》《赴刑进行曲》和《妖魔夜宴之梦》。

柏辽兹为第二乐章所写的标题说明是："在一个喧闹而华丽的节日盛宴的舞会上，艺术家遇见了他的恋人。不管在什么地方，她的形象总是萦绕着他，使他内心很不平静。"这是一首圆舞曲。在一小段引子之后，小提琴奏出温柔、典雅的圆舞曲旋律。随着音乐的发展，最后变得十分辉煌。作曲家在这个乐章中特意采用了两架竖琴，使音乐更富有诗意，更贴近作曲家的心境。

第二十九节　威尔第

教学目标

（1）审美感知。聆听《凯旋进行曲》，尝试模唱其音乐主题，感受、体验作品所蕴含的音乐情绪的起伏；结合教材中的作品，初步感受浪漫主义歌剧中管弦乐的配器色彩与艺术表现。

（2）艺术表现。在条件允许的情况下，尝试跟唱或演奏《凯旋进行曲》的部分乐句。也可以选择《凯旋进行曲》的歌剧情景，边跟唱边模仿角色表演，体会戏剧艺术的魅力。

（3）文化理解。通过学习和聆听，在查找资料的基础上，简单了解作曲家威尔第的生平、歌剧《阿依达》的大致故事情节与其他代表性音乐作品。对意大利浪漫主义歌剧有一定认识，初步理解歌剧音乐中剧本同音乐的关系，以及歌剧音乐中的戏剧性因素。

课程内容

《凯旋进行曲》又名《大进行曲》《阿依达进行曲》，是意大利作曲家威尔第所作。该曲选自歌剧《阿依达》第二幕第二场，在拉达梅斯凯旋时的庆祝场面中所奏。音乐主题由小号吹奏。乐曲为 A—B—A 三段体结构：A 段用威武雄壮、高亢嘹亮的号角，表现了凯旋的军队英武洒脱的姿态；B 段是号角性音调，情绪热烈而欢快。

测评案例(十二)

一、单项选择题

1. 《勃兰登堡协奏曲》(第二分曲)是德国作曲家( )创作的协奏曲。
   A. 海顿　　　　B. 巴赫　　　　C. 贝多芬　　　　D. 莫扎特
2. 《凯旋进行曲》又名《大进行曲》《阿依达进行曲》,作曲家威尔第的国籍是( )。
   A. 德国　　　　B. 捷克　　　　C. 意大利　　　　D. 法国
3. 《幻想交响曲》(第二乐章)是柏辽兹于( )年所作的交响乐作品。
   A. 1829　　　　B. 1830　　　　C. 1831　　　　D. 1832
4. 《降b小调夜曲》是肖邦于1830—1831年创作的一首夜曲,其曲式结构是( )。
   A. 二部曲式　　B. 奏鸣曲式　　C. 三部曲式　　D. 回旋曲式
5. 《鳟鱼》是舒伯特1817年夏天创作的一首艺术歌曲,歌词取材于诗人( )的一首浪漫诗。
   A. 舒巴尔特　　B. 威尔第　　　C. 席勒　　　　D. 马丁路德
6. 《第九(合唱)交响曲》(第四乐章)是德国作曲家贝多芬完成于( )年的作品。
   A. 1826　　　　B. 1820　　　　C. 1824　　　　D. 1823

二、多项选择题

1. 《勃兰登堡协奏曲》(第二分曲)与《序曲》的作者分别是( )。
   A. 巴赫　　　　B. 肖邦　　　　C. 贝多芬　　　　D. 莫扎特
2. 贝多芬的《第九(合唱)交响曲》(第四乐章)与舒伯特的《鳟鱼》分别在哪一年完成?( )
   A. 1823　　　　B. 1824　　　　C. 1817　　　　D. 1818
3. 《幻想交响曲》(第二乐章)是( )于( )年所作的著名交响乐作品。
   A. 柏辽兹　　　B. 舒伯特　　　C. 1830　　　　D. 1831
4. 莫扎特和贝多芬是哪个时期的作曲家?( )代表性作品有哪些?( )
   A. 古典主义时期　B. 浪漫主义时期　C. 《序曲》　　D. 《费加罗的婚礼》

答案请扫码查看

第十五单元　家国情怀的民族乐派

第三十节　斯美塔那与西贝柳斯

教学目标

（1）审美感知。欣赏两首民族乐派代表性音乐作品——《捷克的原野和森林》和《芬兰颂》，引导学生感受、体验民族乐派的风格特征；熟悉《捷克的原野和森林》和《芬兰颂》的音乐主题；了解作曲家斯美塔那和西贝柳斯。

（2）文化理解。初步了解民族乐派的概况，包括其产生的历史、文化背景。

课程内容

《捷克的原野和森林》是交响诗套曲《我的祖国》中的第四首交响诗。《我的祖国》是捷克作曲家斯美塔那在1874—1879年陆续创作出来的。它由六首独立的交响诗构成：《维谢格拉德》《沃尔塔瓦河》《莎尔卡》《捷克的原野和森林》《塔波尔》和《勃兰尼克》。作曲家通过不同的音乐形象，赞美了祖国光荣的过去和壮丽的山河，并表达出对光辉未来的坚定信念。《捷克的原野和森林》是作曲家对捷克美丽山河的赞颂。他在这首乐曲的总谱上写道："当我们伫立在捷克的大地上极目四望，从四面八方——从原野和森林传来了我们所感亲切的熟悉音响，它有时欢乐，有时沉思，这里所要表达的就是在这样的时刻萌生的多方面的感情体验。"……法国号的一段独奏展现了广阔的森林；音乐中还赞颂了肥沃的山谷和边区的美景。

《芬兰颂》是芬兰作曲家西贝柳斯作于1899年的一部交响诗。此曲是芬兰民族解放斗争的象征，它向全世界庄严地宣告：在位于北极圈的一个小国，不愿做沙俄统治下的附庸国，正在为自己的生存而进行着殊死斗争。

第三十一节　格林卡与穆索尔斯基

教学目标

（1）审美感知。欣赏两首俄罗斯民族乐派代表性音乐作品——《卡玛林斯卡亚幻想曲》和《荒山之夜》，引导学生感受、体验俄罗斯民族乐派的风格特征；熟悉《卡玛林斯卡亚幻想曲》和《荒山之夜》的音乐主题；知道作曲家格林卡和穆索尔斯基。

（2）文化理解。知道俄罗斯民族乐派的概况，包括其产生的历史、文化背景。

课程内容

《卡玛林斯卡亚幻想曲》是俄国作曲家格林卡于1848年所作的一部俄罗斯化的交响乐作品。作曲家采用了两首俄罗斯民歌作主题，写成了一部民族风格浓郁的双主题变奏曲。两个主题在性格、结构、调式等各个方面都不同，通过二者的交替对比和变奏，以及威严庄重、活泼欢快等不同情绪的变化，勾画出一幅生动的俄罗斯民间生活风俗画。

《荒山之夜》是俄国作曲家穆索尔斯基写于1867年的一部管弦乐曲。作曲家在原稿中写下了这样一段文字："来自地下深处的非人声的轰鸣，黑暗幽灵的出现，以及随后黑暗之神的登场。对黑暗之神的颂赞和阴间的祭奠，在狂欢作乐最热闹时，远方传来乡村教堂的钟声，这声音驱散了黑暗幽灵。"

第十六单元　色彩斑斓的印象派

第三十二节　德彪西

教学目标

（1）审美感知。欣赏印象派代表性音乐作品——德彪西的《大海》第一乐章，引导学生感受、体验印象派的风格特征；了解印象主义音乐的特点和作曲家德彪西。

（2）文化理解。探索印象主义音乐作品和美术作品的关系。

课程内容

《海上——从黎明到中午》选自交响乐《大海》第一乐章，由法国作曲家德彪西所作。1905年，德彪西完成了《大海》总谱的写作、出版，并于同年10月首演。《大海》有三个乐章：《海上——从黎明到中午》《波浪的嬉戏》和《风与海的对话》。《大海》的问世进一步巩固了他作为印象派大师的地位。德彪西为《大海》总谱第一版选择的封面是日本版画《神奈川冲浪》。他说："音乐是一门深奥的数学，其要素为永恒的一部分。它决定着海水的运动，决定着由风引起的海浪的戏谑……"

第十七单元　传统风格的解体

第三十三节　勋伯格

教学目标

（1）审美感知。欣赏表现主义代表性音乐作品——勋伯格《五首管弦乐曲》的第一首，引导学生感受、体验表现主义音乐的风格特征；初步知道表现主义音乐的特点和无调性音乐十二音音乐知识。

（2）文化理解。探索表现主义音乐作品和美术作品的关系。

课程内容

《预兆》选自勋伯格创作于1909年的《五首管弦乐曲》中的第一首。《五首管弦乐曲》是勋伯格从调性音乐转向无调性音乐的重要作品之一，具有明显的表现主义风格。五首乐曲的标题分别是《预兆》《往事》《湖边晨夏：色彩》《突变》和《带伴奏的宣叙调》。

第一首《预兆》是一首速度很快的乐曲，表明无调性音乐非常适于表现恐怖和焦急之类的情绪。音乐展现了一个处于极度痛苦中的幻觉世界，基本主题是一个上行旋律线条，以各种方式反复出现在作品中。在这首作品中，勋伯格还使用了各种乐器非常规的演奏方法，丰富音色和配器效果，如长号的刺耳声音、加弱音器的圆号等，构成突出、有趣的变化和对比。

第十八单元　爵士乐掠影

第三十四节　流行精粹

教学目标

（1）审美感知。通过欣赏《南部之子》感受爵士乐的特殊节奏，体会连续的切分节奏带来的强弱错位的感觉，并能跟着音乐做律动，从而理解爵士乐的起源是舞曲，具有很强的舞蹈性；通过欣赏《突尼斯之夜》来感受爵士乐的即兴演奏以及丰富的和声效果，从而体会乐曲充满幽默诙谐愉快的音乐情绪；熟悉小号的音色及它的演奏特点，从而理解爵士乐的特点。

（2）艺术表现。通过视唱熟悉切分节奏，从爵士乐律动中来感受爵士乐独特的艺术表现力；通过聆听爵士乐的自由即兴演唱，感知爵士乐独特的艺术呈现方式；通过聆听、分析爵士乐的和弦色彩，体会运用大量的不协和和弦给爵士乐带来的特殊听觉感受。

（3）文化理解。体会爵士乐的文化特色，在感受爵士乐带来的快乐的同时，能体会美国黑人对美好生活的追求而表现出来的乐观主义精神；了解爵士乐产生的历史背景，可从诞生环境和进一步兴盛等方面，比较爵士乐与西方古典音乐的文化关系；爵士乐是最前沿的流行音乐，要学会在欣赏当代流行音乐的同时去发现爵士乐的元素、爵士乐的影子，感知爵士乐与当代流行音乐的密切联系。

课程内容

《南部之子》是美国作曲家路易斯·阿姆斯特朗作曲的一首快节奏的乐曲，表达了演奏者愉悦的心情。乐曲开始的前半部分和结尾部分是以小号为主的爵士乐队演奏，中间穿插了一段演唱。

《突尼斯之夜》是美国作曲家迪齐·吉莱斯皮作曲的一首被拉丁化的著名比博普爵士乐作品，是由两位爵士乐传奇人物演奏的——查理·帕克吹奏中音萨克斯，迈尔斯·戴维斯吹奏小号。该曲由六人合奏团演奏，采用独特的比博普音乐语言。该作品自问世以来，已经被录制多次，成为爵士乐的经典之作。

测评案例（十三）

一、单项选择题

1. 《捷克的原野和森林》是交响诗套曲《我的祖国》中的（　　）首交响诗。
   A. 第一　　　　B. 第二　　　　C. 第三　　　　D. 第四

2. 《芬兰颂》是芬兰作曲家西贝柳斯创作于（　　）年的一部交响诗。
   A. 1897　　　　B. 1898　　　　C. 1899　　　　D. 1990

3. 《卡玛林斯卡亚幻想曲》是俄国作曲家（　　）于1848年所作的一部俄罗斯化的交响乐作品。
   A. 穆索尔斯基　　B. 巴托克　　　C. 格林卡　　　D. 肖斯塔科维奇

4. 《荒山之夜》是俄国作曲家穆索尔斯基创作于（　　）年的一部管弦乐曲。
   A. 1865　　　　B. 1866　　　　C. 1867　　　　D. 1868

5. 《海上——从黎明到中午》选自交响乐《大海》的第一乐章，其作曲家是（　　）。
   A. 德彪西　　　B. 巴托克　　　C. 格林卡　　　D. 肖斯塔科维奇

6. 《预兆》选自勋伯格创作于（　　）年的《五首管弦乐曲》中的第一首。
   A. 1907　　　　B. 1908　　　　C. 1909　　　　D. 1910

7. 《南部之子》的作曲家的国籍是（　　）。
   A. 法国　　　　B. 德国　　　　C. 意大利　　　D. 美国

8. 《突尼斯之夜》是美国作曲家迪齐·吉莱斯皮创作的一首（　　）乐种作品。
   A. 爵士乐　　　B. 摇滚乐　　　C. 朋克　　　　D. 雷鬼

二、多项选择题

1. 《捷克的原野和森林》选自（　　）套曲《我的祖国》中的第四首。《我的祖国》是捷克作曲家斯美塔那在1874—1879年陆续创作出来的。它由（　　）独立的作品构成。
   A. 交响曲　　　B. 交响诗　　　C. 六首　　　　D. 五首

2. 《芬兰颂》是芬兰作曲家（　　）于1899年创作的一部（　　）。此曲是芬兰民族解放斗争的象征。
   A. 西贝柳斯　　B. 交响曲　　　C. 斯美塔那　　D. 交响诗

3. 《卡玛林斯卡亚幻想曲》是（　　）作曲家格林卡于（　　）年所创作的一部俄罗斯化的（　　）作品。
   A. 俄国　　　　B. 1848　　　　C. 交响乐　　　D. 法国

4. 《荒山之夜》是（　）作曲家（　）创作于1867年的一部管弦乐曲。
   A. 俄国　　　　B. 格林卡　　　　C. 穆索尔斯基　　D. 意大利

5. 《海上——从黎明到中午》选自交响乐（　）第一乐章，是（　）作曲家德彪西所作。
   A. 俄国　　　　B. 《大海》　　　C. 《我的祖国》　D. 法国

6. 《预兆》选自（　）的《五首管弦乐曲》中的第（　）首。《五首管弦乐曲》是该作曲家从调性音乐转向无调性音乐的重要作品之一，音乐具有明显的表现主义风格。
   A. 穆索尔斯基　B. 第二首　　　　C. 勋伯格　　　　D. 第一首

7. 《南部之子》是（　）作曲家（　）创作的一首快节奏的乐曲。
   A. 美国　　　　　　　　　　　　B. 路易斯·阿姆斯特朗
   C. 法国　　　　　　　　　　　　D. 德国

8. 《突尼斯之夜》是比博普爵士乐作品，是由（　）和（　）两位爵士乐传奇人物演奏的。
   A. 路易斯·阿姆斯特朗　　　　　B. 迪齐·吉莱斯皮
   C. 查理·帕克吹奏　　　　　　　D. 迈尔斯·戴维斯

9. 《突尼斯之夜》是（　）作曲家（　）创作的一首被拉丁化的著名比博普爵士乐作品。
   A. 美国　　　　　　　　　　　　B. 迪齐·吉莱斯皮
   C. 路易斯·阿姆斯特朗　　　　　D. 法国

答案请扫码查看

下篇综合测评题

综合测评（一）

一、单项选择题

1. 下面哪首作品不是我国著名电影作曲家刘炽创作的？（　　）
   A. 《我的祖国》　　　　　　　　B. 《不忘初心》
   C. 《让我们荡起双桨》　　　　　D. 《祖国颂》

2. 下面哪个选项不是音的基本要素？（　　）
   A. 音的远近　　B. 音的高低　　C. 音的长短　　D. 音的强弱

3. 下列选项中哪首作品是根据湖北天门的民间小调改编而成，由何伙作词、蒋桂英演唱的？（　　）
   A. 《放风筝》　　B. 《包愣调》　　C. 《幸福歌》　　D. 《小放牛》

4. 藏族民间歌舞囊玛中常用的乐器是什么？（　　）
   A. 冬不拉　　B. 扎木聂　　C. 马头琴　　D. 手鼓

5. 广东音乐是流行于我国广东珠江三角洲一带的器乐曲，其代表作是（　　）。
   A. 《中花六板》　　　　　　　　B. 《十面埋伏》
   C. 《二泉映月》　　　　　　　　D. 《娱乐升平》

6. 青主，原名廖尚果，是我国20世纪著名的音乐家。下面哪首作品是他以苏轼的词《念奴娇·赤壁怀古》谱曲，成为我国近现代古诗词艺术歌曲的开篇之作？（　　）
   A. 《大江东去》　　　　　　　　B. 《我住长江头》
   C. 《花非花》　　　　　　　　　D. 《卜算子》

7. 以下哪首作品选自电影《冰山上的来客》中的插曲？（　　）
   A. 《百鸟朝凤》　　　　　　　　B. 《红高粱》
   C. 《我的祖国》　　　　　　　　D. 《怀念战友》

8. 彝族具有代表性的民间舞蹈（　　）源于云南弥勒阿细人聚居区。
   A. 《堆谐》　　B. 《阿细跳月》　　C. 《吹歌》　　D. 《囊玛》

9. 以下哪首作品是印度拉贾斯坦邦著名的民间乐曲？（　　）
   A. 《鼓舞》　　B. 《欢迎》　　C. 《优雅》　　D. 《告别》

10. 古琴，原名"琴"或"七弦琴"，是我国最古老的乐器之一。"伯牙鼓琴，子期知音"源于（　　）。
    A. 《广陵散》　　B. 《阳春》　　C. 《流水》　　D. 《梅花三弄》

11. 学堂乐歌是清末民初新学堂唱歌课中教唱的歌曲，（　）不属于这一时期的作曲家。

    A. 沈心工　　　　B. 曾志忞　　　　C. 李叔同　　　　D. 冼星海

12. 《长征》是作曲家（　）为纪念红军长征胜利80周年而作的一首大型交响套曲。

    A. 王佑贵　　　　B. 李叔同　　　　C. 陆祖龙　　　　D. 张千一

13. 巴赫是巴洛克时期（　）最重要的作曲家之一，被称为"西方近代音乐之父"。

    A. 意大利　　　　B. 德国　　　　　C. 法国　　　　　D. 奥地利

14. 《幻想交响曲》是柏辽兹最著名的交响乐作品，它的五个乐章都有各自的小标题，其中第二乐章的小标题是（　）。

    A. 《服刑进行曲》　　　　　　　　B. 《舞会》

    C. 《田园景色》　　　　　　　　　D. 《妖魔夜宴之梦》

15. 柏辽兹是哪个时期的作曲家？（　）

    A. 巴洛克时期　　　　　　　　　　B. 古典主义时期

    C. 印象主义时期　　　　　　　　　D. 浪漫主义时期

二、多项选择题

16. 京剧作为我国的国粹，以梅兰芳、（　）、（　）、（　）为代表的"四大名旦"的出现是京剧发展的鼎盛时期。

    A. 尚小云　　　　B. 余叔岩　　　　C. 荀慧生　　　　D. 程砚秋

17. 冼星海是我国20世纪作曲家，一生创作了数百首作品，被称为"人民音乐家"。下列选项中哪些是由他创作的？（　）

    A. 《黄河大合唱》　　　　　　　　B. 《黄河之恋》

    C. 《在太行山上》　　　　　　　　D. 《义勇军进行曲》

18. 被称为"维也纳古典乐派"代表人物的音乐家有（　）。

    A. 贝多芬　　　　B. 海顿　　　　　C. 莫扎特　　　　D. 肖邦

19. 舒伯特是浪漫主义时期代表性作曲家之一，被称为"艺术歌曲之王"。其代表作有（　）。

    A. 《魔王》　　　B. 《菩提树》　　　C. 《鳟鱼》　　　D. 《阿依达》

20. 民族乐派作为浪漫主义的一个分支，产生于19世纪中叶，依附于西欧和北欧诸国，并一直延续到20世纪的一个流派。以下哪些是民族乐派代表人物？（　）

    A. 俄国的格林卡　　　　　　　　　B. 法国的德彪西

    C. 捷克的斯美塔那　　　　　　　　D. 芬兰的西贝柳斯

三、听辨题

听辨题请扫码聆听

21. 聆听音乐,请辨别该作品的体裁是（ ）。
    A. 鼓吹乐　　　B. 广东音乐　　　C. 江南丝竹　　　D. 打溜子
22. 聆听音乐,请辨别该作品的曲作者是（ ）。
    A. 施光南　　　B. 聂耳　　　　　C. 萧友梅　　　　D. 黄自
23. 聆听音乐,请辨别该作品所属民族是（ ）。
    A. 藏族　　　　B. 蒙古族　　　　C. 维吾尔族　　　D. 侗族
24. 聆听音乐,请辨别创作该作品的作曲家是（ ）。
    A. 莫扎特　　　B. 贝多芬　　　　C. 海顿　　　　　D. 舒伯特
25. 聆听音乐,请辨别该音乐选自舞剧（ ）。
    A. 《白毛女》　B. 《兰花花》　　C. 《敦煌梦》　　D. 《红色娘子军》

答案请扫码查看

综合测评（二）

一、单项选择题

1. 歌曲《谁不说俺家乡好》是1961年电影《红日》的插曲，其歌词质朴、亲切，旋律流畅、悠扬。音乐富有浓厚的乡土气息。作品采用了（ ）素材。
   A. 河南民歌　　　B. 山东民歌　　　C. 湖北民歌　　　D. 湖南民歌

2. 音乐是听觉的艺术。音乐的物理属性具有高低、长短、音色和（ ）。
   A. 和声　　　　　B. 节奏　　　　　C. 调式　　　　　D. 强弱

3. （ ）是根据湖北天门的民间小调改编而成的。
   A. 《小放牛》　　B. 《放风筝》　　C. 《幸福歌》　　D. 《包愣调》

4. 《辽阔的草原》是（ ）长调歌曲。
   A. 蒙古族　　　　B. 藏族　　　　　C. 维吾尔族　　　D. 朝鲜族

5. （ ）是根据湖南土家族民间音乐"打溜子"改编而成的乐曲。
   A. 《锦鸡出山》　B. 《十面埋伏》　C. 《夜深沉》　　D. 《中花六板》

6. 歌曲《吐鲁番的葡萄熟了》是一首具有浓郁（ ）民间音乐风格的作品。
   A. 哈萨克族　　　B. 维吾尔族　　　C. 蒙古族　　　　D. 侗族

7. 歌曲《怀念战友》由雷振邦作曲，发行于1963年，同时也是电影（ ）中的插曲。
   A. 《丰收的喜悦》　　　　　　　　B. 《冰山上的来客》
   C. 《红日》　　　　　　　　　　　D. 《创世纪》

8. 《阿细跳月》属于下列哪个民族的传统舞蹈？（ ）
   A. 侗族　　　　　B. 彝族　　　　　C. 苗族　　　　　D. 傣族

9. 非洲音乐是一种囊括多种音乐文化的集合概念，其复杂多变、强烈奔放的节奏是非洲音乐的灵魂。非洲人偏爱敲击（ ）。
   A. 鼓　　　　　　B. 锣　　　　　　C. 手板　　　　　D. 镲

10. 古琴是我国最古老的乐器之一，《吕氏春秋·本味》中载"伯牙鼓琴，子期知音"所奏的琴曲是（ ）。
    A. 《广陵散》　　B. 《平沙落雁》　C. 《流水》　　　D. 《阳关三叠》

11. 李叔同是我国学堂乐歌早期代表人物之一，1913年他以笔名"息霜"创作发表了我国第一首合唱歌曲（ ）。
    A. 《春游》　　　B. 《早秋》　　　C. 《送别》　　　D. 《祖国歌》

12. 歌曲《山丹丹开花红艳艳》是根据（ ）音调改编而成的。
    A. 宁夏花儿　　　B. 晋西北山曲　　C. 陕北信天游　　D. 内蒙古爬山调

13. 复调音乐是指将几条旋律线，按照一定的规则加以结合的一种多声音乐。在西方音乐史中将复调音乐达到第二次高峰的作曲家是（　　）。
    A. 帕勒斯特里那　　B. 海顿　　C. 巴赫　　D. 莫扎特
14. 爵士乐是19世纪末、20世纪初兴起于美国南部（　　）民间音乐。
    A. 白人　　B. 黑人　　C. 印第安　　D. 拉丁美洲
15. 无调性是20世纪现代音乐流派表现主义音乐的主要特征，（　　）在20世纪20年代最先提出无调性的作品结构原则——十二音体系。
    A. 勋伯格　　B. 柏辽兹　　C. 威尔第　　D. 拉赫玛尼诺夫

二、多项选择题

16. 下列作品中哪些属于现代京剧选段？（　　）
    A. 《望人间》　　B. 《家住安源》
    C. 《打龙袍》　　D. 《甘洒热血写春秋》
17. 下列作品中属于冼星海《黄河大合唱》的有（　　）。
    A. 《黄河颂》　　B. 《河边对口唱》　　C. 《保卫黄河》　　D. 《黄河怨》
18. 奥地利作曲家莫扎特是维也纳古典乐派代表人物之一，他的创作体裁广泛，他所创作的作品体裁有（　　）。
    A. 交响曲　　B. 室内乐　　C. 歌剧　　D. 协奏曲
19. 舒伯特是奥地利著名的作曲家，一生创作了大量的艺术歌曲，被誉为"艺术歌曲之王"。下列哪些作品选自他的声乐套曲？（　　）
    A. 《致春天》　　B. 《美丽的磨坊女》
    C. 《鳟鱼》　　D. 《冬之旅》
20. "强力集团"又称为"俄罗斯五人团"，他的代表人物有（　　）。
    A. 鲍罗丁　　B. 穆索尔斯基　　C. 巴拉基列夫　　D. 居伊

三、听辨题

听辨题请扫码聆听

21. 聆听音乐，判断下面哪首作品是南宋词人姜夔所作的自度曲？（　　）
    A. 《流水》　　B. 《潇湘水云》　　C. 《广陵散》　　D. 《扬州慢》

22. 聆听音乐，判断下面哪首作品是电视剧《百年恩来》的主题曲？（ ）
    A. 《你是这样的人》   B. 《光荣与梦想》
    C. 《想家的时候》   D. 《春天的故事》

23. 聆听音乐，判断这部作品的名称是（ ）。
    A. 《姑苏风光》 B. 《孟姜女》 C. 《牡丹汗》 D. 《蝉之歌》

24. 聆听音乐，下列哪首作品是印象主义法国作曲家德彪西的钢琴作品？（ ）
    A. 《c小调练习曲》   B. 《降b小调夜曲》
    C. 《爱之梦》   D. 《亚麻色头发的少女》

25. 聆听音乐，判断这部作品的体裁是（ ）。
    A. 奏鸣曲   B. 协奏曲   C. 交响曲   D. 探戈曲

答案请扫码查看

综合测评（三）

一、单项选择题

1. 纪录片《祖国颂》主题歌作于哪一年？（　　）
   A. 1956　　　　B. 1957　　　　C. 1958　　　　D. 1959
2. 声音的震动频率是由（　　）决定的。
   A. 音的大小　　B. 音的高低　　C. 音的长短　　D. 音的强弱
3. 《幸福歌》的演唱方式采用了领唱与（　　）的方式。
   A. 独唱　　　　B. 合唱　　　　C. 齐唱　　　　D. 交替唱
4. 扎木聂是哪个民间歌舞中常用的乐器？（　　）
   A. 傣族　　　　B. 维吾尔族　　C. 侗族　　　　D. 藏族
5. 《娱乐升平》是我国民间器乐合奏中（　　）的代表性曲目。
   A. 广东音乐　　B. 江南丝竹　　C. 弦索乐　　　D. 清锣鼓
6. 下面哪首作品是我国近代古诗词的开篇之作？（　　）
   A. 《大江东去》　B. 《我住长江头》　C. 《花非花》　D. 《卜算子》
7. 《怀念战友》是哪部电影中的插曲？（　　）
   A. 《星球大战》　　　　　　　　B. 《大宅门》
   C. 《冰山上的来客》　　　　　　D. 《百鸟朝凤》
8. 呼麦是哪个民族的一种特殊演唱方式？（　　）
   A. 彝族　　　　B. 侗族　　　　C. 蒙古族　　　D. 维吾尔族
9. 以下哪首作品是印度拉贾斯坦邦著名民间乐曲？（　　）
   A. 《鼓舞》　　B. 《欢迎》　　C. 《优雅》　　D. 《告别》
10. 下面哪首作品是古琴曲？（　　）
    A. 《广陵散》　B. 《十面埋伏》　C. 《扬州慢》　D. 《空山鸟语》
11. 学堂乐歌是清末民初新学堂唱歌课中教唱的歌曲，（　　）是这时期具有代表性的作曲家。
    A. 青主　　　　B. 曾志忞　　　C. 黎锦晖　　　D. 冼星海
12. 沈心工是我国20世纪学堂乐歌之父，其代表性作品有（　　）。
    A. 《体操——兵操》　　　　　　B. 《练兵》
    C. 《海战》　　　　　　　　　　D. 《祖国歌》
13. 贝多芬是古典主义时期（　　）最重要的作曲家之一，被称为"乐圣"。
    A. 意大利　　　B. 德国　　　　C. 法国　　　　D. 奥地利

14. 《幻想交响曲》是柏辽兹最著名的交响乐作品，于（　　）年完成。
    A. 1828　　　　B. 1829　　　　C. 1830　　　　D. 1831

15. 柏辽兹是浪漫主义时期（　　）作曲家。
    A. 德国　　　　B. 法国　　　　C. 奥地利　　　　D. 英国

二、多项选择题

16. 京剧作为我国的国粹，其角色行当划分较为严格，主要有（　　）。
    A. 生　　　　B. 旦　　　　C. 净　　　　D. 丑

17. 冼星海是我国20世纪作曲家，一生创作了数百首作品，被称为"人民音乐家"。下列哪首合唱是他所作？（　　）
    A. 《九一八大合唱》　　　　B. 《黄河大合唱》
    C. 《民主大合唱》　　　　　D. 《牺盟大合唱》

18. "维也纳三杰"是指哪三个作曲家？（　　）
    A. 贝多芬　　　B. 海顿　　　C. 莫扎特　　　D. 巴赫

19. 舒伯特是浪漫主义时期代表性作曲家之一，被称为"艺术歌曲之王"。其代表作有（　　）
    A. 《魔王》　　B. 《菩提树》　　C. 《鳟鱼》　　D. 《摇篮曲》

20. 民族乐派作为浪漫主义的一个分支，产生于19世纪中叶，依附于西欧和北欧诸国，并一直延续到20世纪的一个流派。以下哪些是民族乐派代表人物？（　　）
    A. 俄国的格林卡　　　　　　B. 法国的德彪西
    C. 捷克的斯美塔那　　　　　D. 芬兰的西贝柳斯

三、听辨题

听辨题请扫码聆听

21. 聆听音乐，请辨别该作品是所属的时期为（　　）。
    A. 古典主义时期　　B. 巴洛克时期　　C. 浪漫主义时期　　D. 印象主义时期

22. 聆听音乐，请辨别该作品的曲作者为（　　）。
    A. 施光南　　　B. 青主　　　C. 萧友梅　　　D. 黄自

23. 聆听音乐，请辨别该作品为（ ）乐曲。
    A. 藏族　　　　B. 蒙古族　　　　C. 维吾尔族　　　　D. 侗族
24. 聆听音乐，请辨别该作品是（ ）的插曲。
    A. 《红日》　　　　　　　　　B. 《大宅门》
    C. 《百年恩来》　　　　　　　D. 《冰山上的来客》
25. 聆听音乐，请辨别该作品的体裁为（ ）。
    A. 山曲　　　　　　　　　　　B. 花儿
    C. 信天游　　　　　　　　　　D. 号子

答案请扫码查看

参考文献

[1] 教育部. 普通高中课程方案[M]. 北京：人民教育出版社，2017.

[2] 教育部. 普通高中音乐课程标准[M]. 北京：人民教育出版社，2017.

[3] 人民音乐出版社. 音乐鉴赏[M]. 北京：人民音乐出版社，2012.

[4] 人民音乐出版社教育编辑室. 音乐鉴赏教师用书[M]. 北京：人民音乐出版社，2021.

[5] 张前，曾赛丰. 音乐鉴赏[M]. 长沙：湖南文艺出版社，2019.